U0029349

行佛樂活

鄭石岩作品集

大眾心理館

禪學與生活

12

國家圖書館出版品預行編目（CIP）資料

行佛・樂活人生——佛經的智慧，當下的妙用／鄭石岩著 . -- 初版 . -- 臺北市：遠流 , 2016.05
面； 公分 . --（大眾心理館）（鄭石岩作品集 . 禪學與生活；12）

ISBN 978-957-32-7812-2（平裝）

1. 禪宗 2. 佛教修持

226.65 105005285

大眾心理館

鄭石岩作品集・禪學與生活 12

行佛・樂活人生

佛經的智慧，當下的妙用

作者：鄭石岩

執行主編：林淑慎

責任編輯：廖怡茜

發行人：王榮文

出版發行：遠流出版事業股份有限公司

100 台北市南昌路二段 81 號 6 樓

郵撥：0189456-1　電話：2392-6899　傳真：2392-6658

著作權顧問：蕭雄淋律師

□ 2016 年 5 月 1 日　初版一刷

□ 2016 年 8 月 1 日　初版三刷

售價新台幣 240 元（缺頁或破損的書，請寄回更換）

有著作權・侵害必究　Print in Taiwan

ISBN 978-957-32-7812-2

遠流博識網

http://www.ylib.com

E-mail: ylib@ylib.com

大眾心理館・鄭石岩作品集・禪學與生活12

鄭石岩 著

行佛・樂活人生

佛經的智慧，當下的妙用

《行佛・樂活人生》

目錄

自序
樂在行佛

學佛行佛是一件喜樂幸福的事。把學得的佛法活用在日常生活和工作上，能帶來溫馨、創意和歡喜。繼而透過心靈生活的體驗，能產生寬廣的心胸，契會生命的意義，體悟到永生的如來法界。

就世間生活而言，學佛行佛能帶給自己信心、歡喜、活潑和光明的希望；讓日子過得充實美好，達到自我實現的豐足。就生命的究竟義而言，會發現心中的菩提自性，找到永生的慧命，看出生命的歸宿，而覺得自在、有意義。

我童年學佛，是從宜蘭的雷音寺開始的。星雲大師正好住錫此處。當時，我母親得了肺結核，沒有特效藥，更因家貧無力醫治，康復的機會渺茫。幸好有一位精通命理的長者指引母親學佛，皈依三寶從宿命中重新造命。在我還是七歲孩童時，就陪著母親，從偏遠鄉下，走走停停來到雷音寺，這是我們母子學佛的起點。我們虔誠地祈願母親健康，持續進寺禮拜，從聞思修中行持，母親竟漸漸康復。

我們有了信心和對佛法的了解，進而踏上行持的歷程。現在，母親高齡九十五，我已年過七十。我們家人都以慈悲喜捨的心生活，以佛法為人生指南，過得悅樂自在。我自己也在艱困環境中依佛法化，精進不懈地走出自己的路來。直至今日，無論是在生活或工作，心中總是有佛，這讓我有了美好的人生；除了認真工作之外，也努力弘揚佛法，並以佛法與心理晤談助人，至今四十餘年。

於是，我深信唐朝法眼文益禪師，在回答弟子問道時說：「一願教你行，二願也教你行。」因此，學佛如果只停留在知見裡是不夠的，一定要即知即行，這才能在生活與工作中發揮效力和創意，在生命的究竟義上，與如來法界相應，體現自心中「如來秘密之藏」。所以古德常說：「說取行不得底，行取說不得底。」這是指說只是在知見上思惟，體會不到真實義。就行佛的真實行動而言，得到證悟和自在，非語言文字所能完全表達。

行佛是在日常生活與工作中，以慈悲喜捨的覺心，依三十七道品的指引去實踐。所以唐朝臨濟大師說：「但莫造作，只是平常。」只有這樣，才能實現《妙法蓮華經》中所言：「一切治生產業，皆與實相不相違背。」因此，只要我們肯在日常生活與工作中行佛法要、行菩薩道，為社會服務奉獻，便能福慧圓滿，證得如如大法。

我長久學佛行佛，讀經看教，但心中總以「學佛」自居。公元二〇一一年夏，我上佛光山謁見星雲大師。他賜我寶貴的一筆字「行佛」，我才真正證悟其中。並完全了解，他認真踏實提倡「人間佛教」的法源，更理解，他所說「有佛法就有辦法」的真諦。五年來我體驗更深，於是動筆把心得寫出來和大家分享。

人間佛教就是要在生活與工作中行佛，從而得到福德莊嚴和智慧莊嚴。這要以三十七道品為基礎做起。佛陀在三轉法輪中，都提出這個根本行持。為契合現代生活的因緣，應用科學與心理學的研究發現，寫就此書。相信能方便大家學佛行佛，找到樂活的美好，和生命的真正意義與皈依處；並以此書，讚嘆弘揚人間佛教的宏願。

二〇一六年二月，我寫好這本書的初稿，送陳星雲大師斧正，幾天之後卻收到大師的墨寶題字「行佛樂活」，真是喜出望外，踴躍歡欣。於是將墨寶置於扉頁，以彰人間佛教的法味。

壹

行佛就能樂活

人間生活的法喜

就心靈生活而言，凡事只要有了覺悟的體驗，都會帶來豐富的喜樂；即使是一件很平常的事，也能令你莞爾心開。於是，我們要懂得行佛，培養覺性，才能開展悅樂的人生，看出生命的意義。

每個人都想活得快樂、豐足和自在，都期待日子要過得成功、有意義。更希望自己的生命之旅結束時，能開心地回歸美妙的佛國淨土。我一生致力於心理、佛學、教育的研究和實務工作，特別是四十餘年來的心理晤談經驗，對社會現象林林總總的研究觀察，以及參與行政工作的體會，深知每個人都需要找到心靈覺悟的甘泉，才能沃壯自己，走出光明和希望，進而找到無量壽的慧命（菩提自性）。這條路就是行佛。

生命的過程是艱難的，每個人隨時都要接受挑戰。富家有富家的生涯漩渦暗流，一不小心就陷入困擾，不自覺地捲入深淵不能自拔。貧困者也有其窘境，需面對捉襟見肘的焦慮和無助，真是苦不堪言。無論你的行業際遇如何，要想活得順遂，都得歷經九磨十難。所以，最寶貴的是，看清自己心裡有一口取之不盡用之不竭的甘泉，只要能善用它，生活就會有創意，法眼大開，活得正向振作，領受豐足之樂，並看出生命的意義，從中找到來時路，於終老時回歸不可思議的妙樂法界。

於是，偉大的覺者佛陀，為我們指引出一盞明燈：你注定要在自己的現實生活中努力，那是你創造光明人生的素材和資糧。要用它去延伸、創造和活潑發揮，並與他人分享。人不可能用手上沒有的素材創造出作品，而是用「當下」有的材料去創造和延伸。從而發揮影響力，走出寬闊的生活場景，創造有意義的人生。

覺悟中樂活

成長的觀念不是只有累積財富。累積如果是出於貪多務得，那只是情染和執著，這畢竟沒有走出囤積的積習。心地會漸漸物化，導致心識狹隘。追求物慾的壓力，會把人擠壓得看不出生命的意義，而只剩下苦澀的殘渣。

長期的心理晤談和觀察，我深信佛陀所指引的「慈悲喜捨」四個無量心是生命實現的指南。祂的意思是要為自己和別人創造快樂，拔除痛苦，隨緣保持歡喜心。從而捨去自我中心，清除情染和執著的煩惱與壓力，展現真實的如來自性。這個如來自性，就是永恆存在的無量壽「真我」。

有一次，我去關懷一位重病住院的企業界人士，他因病痛而去做追蹤檢查，發現自己得了末期的肝癌。無可諱言，他很快就面臨臨終的心理創傷。剛開始他非常憤怒，接著想要藉著宗教的神力之類來尋找奇蹟，最後他沮喪失望地躺在病榻。我去探訪他時，從培養氣氛，相互交心同理，到面對絕望的癌末心境。他說：

「生命原來是渺無和空虛的，我所有的努力，畢竟是一場空。」他嘆了長長的一口氣，閉上眼睛，精神近乎癱瘓。他似乎也在等著我的回應。他的表情正在告訴我：換做是你也無能為力啊，人生就是這麼無奈。他又睜開眼睛說：

「我不相信有神佛或上帝。也不相信祂們有慈悲和愛。你想想，如果祂們真有愛，怎麼捨得在我事業正發達時，讓我罹患絕症。」我誠心靜靜地聽著，點頭示意，表示了解他的無奈和對死亡的恐懼與茫然。接著他以博取同情的口吻說：

「我知道我是沒有救的，死定了！人生努力的結果是一場空。你不覺得嗎？」

我懇切地握住他的手，告訴他我從小就學佛，年輕時也做過生意，不過沒有像他這麼有成就。後來我念大學，從事學術和行政工作，我很能了解一位企業家的影響力，以及對社會的貢獻和無量功德。談到這裡我們的話匣子開啟了。他問我：

「我從事的生產事業有什麼意義呢？」我說：

「生產事業，就是奉獻社會，給大家帶來好的生活資材。雖然經過買賣的過程，但生產物資供大家使用，就是布施。你的努力就是菩薩的行持。你的公司需要人力，當然也就為社會提供就業機會，讓許多家庭經濟生活有了著落，這都是布施。你的經營需要一套管理系統，也要遵守相關法律去營運，那就是持戒。經營投資，必須要忍，才能冷靜決策、系統思考、有效執行，事業才得到好的發展。為了成長和效率，企業家總是努力不懈，拓展新機，帶動成長，這個企圖和心志就叫精進。產品行銷，市場波瀾，種種變化，必然要有安定心智，才能處變不驚，作正確的抉擇和經營。你以智慧思考，活用知性和經驗，成就一項項新計畫，令企業穩定成長發展，那就是智慧。以上六項，佛陀稱它叫六波羅蜜。你已在企業界中實踐它，才有今天的成績，這就叫功德，這就是有意義。」

他對我的讚賞有了同理，眉宇之間展露出欣然之情。他有些疑惑地問道：「你所說的可有憑據？」我引了《妙法蓮華經‧分別功德品》的要義與他分享：

「每個人的根性因緣不同，工作環境互異，只要能依照六波羅蜜法去努力，行持三十七道品，都能成就各自的貢獻，服務社會，成為大布施，成就大功德。」他又問：

「什麼是功德呢？」

「依《六祖壇經》的解釋：『見性是功，平等是德。』見性是功，指的是人若能超越生命的生、住、異、滅，超越貴賤得失，就能接觸到永恆的自性，也就是佛性或覺性，它是無量壽的存在。自性或佛性不隨現象界的變化增減，但如果執著在現象界的心識，就像烏雲矇蔽日月光明一樣，看不出如來法界的光明美好。至於平等是德，是指每個人都可以依其根性因緣，在自己的現實中，用智慧去創造豐足自在的人生，用自己的能力去奉獻社會。所以《妙法蓮華經・隨喜功德品》指出：我們要把握當下，看清現實，從中看出它的意義、美好和光明，從而有著隨緣歡喜的悅樂。你的人生福德功德具足，你要在當下契合如來法界，此刻要懂得開展極樂淨土之行。」

他點了點頭，臉上露出一點倦意。但還是打起精神，睜大眼睛對著我說：

「我了解你說的話，那是一種信仰或觀念。可是這個信仰或觀念，我還沒有建立起來。」我又握了握他的手，輕喚著他「老菩薩！」然後我更貼近他，彼此互看，默然不語。當下時間似乎是停止的，思慮好像超越了時空。他鬆開了相握的手，似乎睡著了。

過了幾分鐘，我正想離開病房時，他又睜開眼睛，露出肯定的表情，親切地握著我的手說：

「老師！我相信你的開示。回首前塵往事，我真如你所說的那樣，以六般若波羅蜜法生活和工作。我這一生並沒有蹉跎白過。在此生命即將結束時，我仰望著能往生極樂世界，那麼現在的我該做些什麼呢？」我毫不猶豫地回答他說：

「念佛！時時刻刻口念心繫極樂世界阿彌陀佛，跟祂連上線。一方面阿彌陀佛的智慧能流入身心，讓你在生理和心理上調適得好些，甚至有著康復的力量。另一方面則藉此與如來法界相知相契，悟得自己無量壽的佛性。記得喲！清淨地念著『南無阿彌陀佛』，你會在生命的園地上豐收。這正如佛陀在《阿含經》上所說：『我生已盡，梵行已立，所作已作，自知不受後有。』你將會接觸到那不可思議的如來法界。」

這位先生又合上雙眼，嘴唇微微地動著，我知道他在念佛。他過去雖沒有信佛，卻在實踐美德，並用他的長處和能力為社會奉獻。現在他體會到「信心不二，不二信心」。在世界正向的奉獻服務之後，同時開展了法眼，契會自己的無量壽自性，入不思議的如來法界。

這一刻，我看到他有著悲喜交集的容貌。這時我為他解釋法融禪師在《心銘》中的兩句話：

一切有為，本無造作。

以及：

樂道恬然，優遊真實。

他又合上雙眼安心地念著佛號睡著了，這一次他睡得既香甜又安祥。他已然接觸到法喜，找到生命的出路。

平常心裡多妙喜

平常持心，如果心懷生命之道，就真能實現「平常心是道」。我在閱讀諸大乘經典中，發現三十七道品，就是平常心中所懷抱的道。它貫串佛法的精髓，是行佛修持的指引，更是生活與工作的智慧根源。這三十七個行佛之道，簡稱為道品，又稱為菩提分。因為這些行持能開啟我們的慧性，讓生活和工作更有創意，更具系統思考和執行力。同時也能開啟宇宙心，不起障礙煩惱，看出光明的法界，並對生命的究竟義有所覺悟，契入不思議如來法界。它的功能包括：

- 佛教各宗都以它為共同行持的圭臬。
- 它是佛法和修行的心要，亦是覺悟的歷程和方法。
- 這些菩提分法，貫穿三藏十二部經論。
- 此菩提分法，是樂活的甘泉。

三十七道品是現代人很需要的生活智慧。現代人崇尚浪漫與自由，以至於失去自我控制。自我中心的性格，帶來對立、疏離和冷漠。資訊泛濫有如洶湧波濤，以致迷失其中。無止盡追求經濟成長，以致破壞環境生態，面臨大自然的反撲。只顧物欲財利的享受和佔有，失去靈性覺悟的喜樂。於是《大智度論》中龍樹菩薩指出，佛陀教導大家覺悟的行門有二：

其一是**隨相門**：要在生活的現象世界，以智慧做對的事，更要避免錯誤勇於改正。佛陀指陳的根本紀律是：

> 諸惡莫作，眾善奉行；
> 自淨其意，是諸佛教。

其二是**對治門**：就是佛陀在諸經中所說的三十七道品。透過對治門，才能正意念，得因果、得世間第一法。透過道品的實踐，才能真正做到《首楞嚴經》所說：

澄濁入涅槃，
解脫入圓通。

於是，龍樹菩薩指出三十七道品既是菩薩道，亦是中道之實現。這三十七道品的內容包括：

1 四念處：觀身不淨、觀受是苦、觀心無常、觀法無我。
2 四正勤：已生惡令斷、未生惡令不生、未生善令生、已生善令增長。
3 四神足：欲神足、勤神足、心神足、觀神足。
4 五根：信根、進根、念根、定根、慧根。
5 五力：信力、進力、念力、定力、慧力。
6 七覺支：念覺、擇法覺、精進覺、喜覺、輕安覺、定覺、捨覺。

7八正道：正見、正思、正語、正業、正命、正精進、正念、正定。

我們在平常生活之中，若能發願行持三十七道品，養成習慣，自然地流露在生活和工作之中，便是平常心是道。平常能持菩提分，就能發揮創意，生活過得充實，並產生安定的心靈。心理學家對於這種靈性的修持和正向的心理，都抱持肯定的態度。綜合各家的研究，這些菩提道品，可以產生：

1自我功能的提升和創意的增長。

2增進生理和情緒的健康。

3形塑較好的人生觀。

4產生寧靜、慈悲心和對社群的關懷。

5增強認知、溝通和創造力。

三十七道品對於處在焦慮緊張生活情境的現代人，具有正向的功能，能幫助人們調適生活，產生正確的認知，形塑正向自在的人生觀。因此，龍樹菩薩指出：「三十七道品是菩薩淨土。」「菩薩摩訶薩得是實相故，不厭世間，不樂涅槃，三十七品是實智之地。」

我們能以此道品為平常之心，對於心智就能發揮定慧等持的功用，成就悲智雙運的大願。歸納龍樹菩薩解釋如次：

- 念者隨順智慧，在緣中正住，起種種正念。
- 正勤者能破邪法，正道中行，精勤不懈。
- 如意足者攝心安穩，於諸緣中得大自在。
- 根者信心堅固，安忍柔軟，以為生活根本。
- 力者起智慧心，現大雄大力之菩薩行。
- 菩提者一心修道，綻於慧性，生一切大用。
- 正道者發正覺心，以正向光明之力，濟拔化度眾生。

人若能以三十七道品為資糧，從中孕育大智大慧，便能以平常心行菩薩道。其所知所見，所聽所聞，所作所為，都能在平常生活中，化作「覺有情」的行持和作為，心胸寬大，慈悲喜捨，這便是龍樹菩薩所說的「三十七道品是菩薩淨土」。《維摩詰所說經》中亦說：「修持三十七道品眾生，得生佛國。」又云：「三十七道品是佛事，佛事是菩薩淨土。」《大般若經》亦說：「三十七道品是般若心要，是大乘菩薩所當行，並以之與般若相應。」此道品之重要由此可知。

樂在行佛

二〇一一年仲夏，我上佛光山謁見星雲大師。多年來我一直在佛光山叢林學院講授佛學和心理學課程，便常乘機請法。小時候我在宜蘭雷音寺聞法學佛，曾經參加過師父創辦的兒童班、光華文理補習班等活動，言談間備加親切。當天話題議及教育、文化和整體社會發展的趨勢和展望，很自然地談起三十七道品，論及它的現代意義和價值，師父更指出它是人間佛教的根源。說到這兒，他告訴我要給我一個獎品當紀念，便請侍僧送來一幅他的「一筆字」，親自贈給我。

接過星雲大師的一筆字，打開圓潤的紙函，展開一看，呈現在眼前的是「行佛」兩個大字。霎時，我被渾厚的兩個字給吸引住了。當下起了頓悟，洞見過去一直在「學佛」，用心於修持、拜佛、念佛和經論的解義。現在，把學佛與行佛融為「不二法門」。同時學佛與行佛，能打開理事無礙之門，契入事事無礙的全新法界。我雀躍高興地如獲至寶，直到現在還在歡喜。

依星雲大師的開示，我回顧過去所讀經典，更了解「行佛」的豐富意義。一幕幕行佛的妙境，出現在我的腦海，一部部經典法義出現在眼前。我想起《妙法蓮華經・妙莊嚴王本事品》中，敘說妙莊嚴王（後來成為華德菩薩）、夫人（後來成為光照莊嚴相菩薩）及淨藏（後來成了藥王菩薩）、淨眼（後來成了藥上菩薩）二子：

「在雲雷音宿王華智佛門下，全家學佛行佛，其所行持的是四無量心（慈悲喜捨）、六度（六波羅蜜），並以三十七道品為佛事，如是行佛，故云『我等已作佛事，令我安住佛法中……如來之法，具足成就不可思議微妙功德。』」

在《觀佛三昧經》中，普賢菩薩勸行持三十七道品，行佛事以觀想佛的三十二相八十隨形好，而生淨土佛國。在《阿含經》中，說完有情的人生無常，受用六根六識不起染執，要以四聖諦、四食來安住自心，最後以三十七道品為「所說事」，即以三十七道品為佛事。透過三十七道品能起正覺，能開展喜樂自在的人生。

行佛一事，在《大般若經》第一會中，便指出三十七道品為般若的心要，是菩薩所當行。以無所得而為方便，依此道品開展生活的創意和智慧，成就覺有情的菩薩人生。菩薩當引發三十七道菩薩分法，令眾生安樂，然後趣證正等正覺。

在《華嚴經・十地品》中，金剛藏菩薩得佛威神力，入菩薩大智慧光明三昧，說三十七道品為光明智慧（焰慧地）的根本，其要旨為：

- 三十七道品為佛事，是成正等覺的心要。
- 身心無礙的根本。
- 福慧雙修的行門。
- 法喜充滿的指引。
- 乃是生命的光明智慧。

從經中解義，三十七道品之功用包括：

- 展現美好的生命，離我相、人相、眾生相、壽者相，不被五蘊世界所纏，超然自在。
- 離情染執著，不被煩惱障礙所牽。

●起方便慧，對世間生活和工作有更好的創意，產生利益安樂，得柔和安忍的調順心。
●得平等心，知恩報恩，和善安樂，遠離煩惱我慢。
●精進實踐菩提分法，得見佛體性、常樂我淨的圓滿。

在《梵網經》中，更讚嘆行持三十七道品的心地說：「菩薩聞此勝地行，於法悟解心歡喜……普放種種妙光雲，供養如來喜充遍。」

從諸多經典來看，修持三十七道品便是行佛之根本，我們要在有生之年踏實行佛，創造智慧莊嚴和福德莊嚴，活得自在，活得歡喜美好，發慈悲喜捨的佛心真性。

因此，星雲大師給我的一筆字「行佛」，給我帶來很深廣的啟發，也讓我把閱藏心得串在一起。更從中領會人間佛教的真諦，讓我對自己一生中努力行持、生活、服務和工作，得以整合起來，領悟到「行佛」即與般若相應，是菩薩所當行。行佛者時時刻刻，如生活在淨土佛國之中。

此刻，我的心中浮現《阿彌陀經》中的美好景致：極樂國土成就如是功德莊嚴，晝夜六時出和雅音，演暢五根、五力、七菩提分、八聖道分如是等法，其土眾生聞是音已，皆悉念佛、念法、念僧。彼佛國土成就如是功德莊嚴。如果每個人都能行佛，以三十七道品為佛事，從中得清醒，展開生命的創意，現清淨的心地，人間一定會是妙喜的世界，每個人都展現出活潑、豐足、自在的人生。

每個人都當行佛事，它是人生幸福和找到歸宿的正因。佛陀五時說法，各部經典中都提出三十七道品的修持，即使到了入滅前一天，說《大般涅槃經．高貴德王菩薩品》時，亦一再叮囑三十七道品是良藥，能入於常樂我淨，從而開慧見性。因為它是佛事，其與佛國相應；是歡喜幸福的根源，故與智慧般若相通；是見性得無量壽的正道，故與正等正覺相合。

星雲大師給我的「行佛」一筆字，打破了我過去局限於「學佛」的狹隘視野，開啟了「行佛的人間佛教」智慧，貫穿過去、現在和未來的行持。我明知無所得，卻感到無比的法喜和豐足。當天，從佛光山坐著高鐵回家，我好像懷著寶藏，但知道那不是用六根六識去知解的法藏。然而，看著窗外光鮮景物就在眼前飛逝，更提醒自己，當珍惜人間「行佛」得樂，「行佛」生慧的妙法。

現在，你一定也很想知道：三十七道品的意涵是什麼？修持這門重要功課的要領在哪裡？我決定結合佛法和世間法，用現代的學術觀念和語言，介紹給你，相信你也會豐收，增進身心健康，提升創意和心力，開展美好人生，並參透生命的意義與歸宿。

貳

清新的生活態度

在四念處裡找到美好的生活

人是否生活得幸福，日子能否過得好，有四個基本的要素，深深地影響著我們，那便是四念處。這是四個聰明的思考方法，能掃除思考的障礙，清理煩惱和執著，從而孕育清醒的智慧，開展正向幸福的人生。

四念處是解脫道，是清除煩惱，保持法喜，令自己活在心理學家所謂的「聰明思考」的匙鑰。它包括：**觀身不淨，觀受是苦，觀心無常，觀法無我**。佛陀在《雜阿含經》中說：

有一乘道，淨諸眾生，令越憂悲，滅惱苦，得如實法，所謂四念處。

四念處的大用包括：

- 四念處為善法聚，善繫心住，令行者精進不退。
- 得清淨，現法樂，至光明自在的彼岸。
- 起正智正念，則能盡諸有漏，心得解脫，得定生慧。

歸納四念處的旨意，就是要盡自己人生的責任，掃除種種心結和煩惱，綻放心中的智慧，實踐慈悲喜捨的善行，為大眾服務，奉獻己力，並能真正的放下，無我無私，從而得到清淨的法喜，開展豐足自在的人生。這樣的旨趣，正是佛陀所說：

我生已盡，梵行已立，
所作已作，自知不受後有。

於是，四念處的行門變得非常重要。要想得到四念處的智慧，就要從止觀入手。「止」就是淨化自心，消除心中的執著、煩惱和情染，讓自心安定下來。「觀」就是發慧，透過正向的觀念，引發種種創意和慈善行動。誠如唐朝杜順和尚所說：

修止則得定，
修觀則發慧。

人若有了安定的心，情緒自然平和，心境流露出喜樂，思考和行動就能清醒明理，開展出創意和智慧。現代人生活在緊張焦慮的環境裡，對於物慾窮追不捨，對於名聞利養趨之若鶩。生活在這樣憂苦的環境裡，四念處是現代人的心藥，是拯救心靈的良方，是開展美好生活的心智養料。

四念處這四個良方，都有一個「觀」字。因此，它的行門就在這個「觀」字上。仔細審思《佛說觀無量壽佛經》中所說的觀想，係透過正向的觀念，引導正向思考，而生安定清醒的心境。智者大師在《觀無量壽佛經義疏》中說：

「繫念思察，說以為觀；透過觀穿，破除見思惑、塵沙惑、無明惑等障礙。又透過觀達，看清真相，通達智慧，契會真如，充分的自我覺醒。」

《妙法蓮華經‧法師品》中談到修行應入如來室，著如來衣，坐如來座。「如來室者，一切眾生中大慈悲心是；如來衣者，柔和忍辱心是；如來座者，一切法空是。」此三個修持重點，都要從觀達和觀穿才能實證到位。

天台止觀法門，特重空觀、假觀和中觀，故曰一心三觀。此三觀能破除種種結繫障礙，孕育世間生活一切智，開啟美好生活的道種智，以及圓悟人生豐富意義的一切種智。然而，它的修持關鍵，就在於觀法。修止也從觀門入，開智慧也要從觀法著手。

就心理學的觀點來看，每個人都需要聰明的思考，創意的行動，去調適和解決種種生活問題。因此，每個人都必須學會思考，運用所學的知識。依認知心理學的研究，人生所需各方面的智慧，都要具備它的前導組體（advance organizers），有了它才能產生聰明的思考、創意和智慧。

多年來我不斷閱讀佛教經典，並發現最根本的前導組體就是三十七道品。透過它，我們才能發展出自我覺醒，從而開啟光明的生命智慧。四念處便是三十七道品的第一個範疇，分別闡釋於下。

觀身不淨

人的生命是一套生理和心智的組合，構成種種完整的功能，任你使用，就像駕駛一部汽車一樣；你就是心靈，車子好比是你的身心。你的車子會慢慢破舊，如果維護得好，當然可以多使用一段時間。如果疏於照顧，駕駛技術和習慣又不精良，經常猛衝蠻撞，車子容易磨損和創傷，性能老化得很快。

開著一部缺乏保養的車子，不但危險，容易肇禍，而且令你不快樂。帶來不便和煩惱不說，惹禍造業更是可怕。人的身心，如果不保持覺性，不隨時注意修持，你的想法、慾念、激情，即刻觸動內分泌傳送到全身。你起了悲痛、憤怒、欲望等衝動，接著觸動體內的化學作用，產生情緒、痛苦、衝動和種種非理性行為。思想所到之處，便起化學作用。如果你的思想是安定的，是慈悲喜捨的，你就顯得悅樂健康，悟性較好。自我覺察帶給你智慧、福報和自在感。反之，如果你被貪、瞋、癡、慢、疑等負面的想法所控制，那麼身心就陷入窘迫、衝動、失去良好的覺察，甚至傷害了健康。我們要了解心靈與身體是緊密結合的，要懂得佛陀所說的「觀身不淨」，提防被負面的情緒和想法侵擾，造成失衡。

我們要避免受體內的化學失衡擾亂，此種失衡將直接干擾免疫系統，破壞你的抵抗力。它們會壓抑你的神經機能，令你無法正常運作，而產生煩惱無明。它們也會紊亂內分泌系統，造成身心亂度的增加。這一來就陷入了身心的負向循環，帶來痛苦、失常、狂亂和罪惡。

所以要修止觀。「止」是保持安定的心，在紛亂不安中叫停，保持安靜。「觀」就是轉識成智，面對真實，用智慧去解決問題。佛陀所說的觀身不淨，就是要我們警覺，體內的各個系統，在受到外界激怒和引誘時，內心就產生波濤洶湧的浪濤，從而作了錯誤的行為。如果你任由它去激盪，那就會產生惡果，所以要注意「觀身不淨」。

若能提起正觀，內在的身心系統就不會亂七八糟，心靈的深處就會產生覺性，從而孕育思考和正確的判斷，系統思考和執行能力就能開展出來。誠如美國醫學博士狄巴克・喬布拉（Deepak Chopra）所說：「流經身體的訊息，是可以隨心意改變的。在這世界上有一樣東西完全屬於你自己，那就是你對這世界的解釋。」你要是對自己身心的運作，能防範不淨波濤，就能維持佛性（覺性）的開啟，流露出般若，展開美好的人生，看出生命的意義和光明面。

佛陀說了一個發人深省的故事：

過去有一隻鳥叫羅婆，牠貪玩愛嬉戲，遊走於曠野，霎時老鷹從空疾飛而下，被捉到高空盤旋，即將被吞食喪命。羅婆自責犯了錯而遭此難。牠對老鷹說：

「如果我能平靜在田壟中，保持我自有的境界，就不會遭此大難，你就拿我沒辦法了。」老鷹很憍慢憤怒地說：

「就算我放你回田壟中，看你還是逃不過我利爪，你這隻小鳥敢與我鬥！」老鷹越想越瞋恚，便將小鳥放回田壟。

小鳥被放回田壟，安止住處，並探出頭來對老鷹喊話。老鷹盛怒，疾速從空中俯衝而下，小鳥瞬間躲入田埂的大石縫裡。瞋恚極盛的老鷹直撲而下，衝撞到大石塊，碎身而死，故說偈曰：

鷹鳥用力來，羅婆依自界，
乘瞋猛盛力，致禍碎其身。

佛陀很巧妙地指出「觀身不淨」的道理，只要你被境界激怒，或被引誘產生貪愛，或被種種色欲激動，身體就會陷入不淨的狀態。你的思考和智慧就被壓抑，而失去控制。於是，在諸多經典中，佛陀總是叮囑我們，要保持內心的安定，尤其是禪定的修持，它不但能發揮良好的身心功能，維持健康，更能讓我們接觸到覺悟的佛性。在《六祖壇經》中，慧能大師很明白地闡釋道：

何名坐禪？
外於一切善惡境界心念不起名為坐；
內見自性不動名為禪。

又說：

何名禪定？

外離相為禪，內不亂為定；

外禪內定是為禪定。

於是，我們若能念念不被愚迷、憍誑、嫉妒所染，就不會陷入不淨的身心狀況，保持清醒的智慧和身心健康。現代人生活在功利、複雜、競爭劇烈的社會裡，創傷、焦慮、無助和敵意等情緒不斷注入身心靈之中。它帶來沉重的負擔和辛苦。英國文學家赫胥黎（Aldous Huxley）曾說過：「經驗不是指發生在你身上的事，而是指你如何去看待發生在你身上的事情。」

負面的想法、敵意的態度，懼怕和焦慮心情，乃至時時陷入自我中心的執著等等，都令我們陷入眾苦煎迫之中。我們要記得常常觀想，不讓身心陷入不淨的紛擾之中。這樣才能維持健康，保持清醒的智慧，過美好的生活，並看出生命的意義和永恆的存在。

「觀身不淨」是要時時提醒自己：色身很容易隨著境遇，引發神經系統、內分泌系統和免疫系統的波濤洶湧和紊亂，從而帶來疾病、衝動、失調、無明和煩惱。所以，佛把這件修持列在三十七道品之首。

觀受是苦

每個人時時刻刻都在接觸環境，接受種種資訊和刺激，產生感受和情緒。在佛法裡把它分成身受和心受。**身受**就是接受種種訊息和刺激，偏向知覺的感受。**心受**則是想法和分別心所產生的情緒，諸如愛恨情仇、羨慕嫉妒等，更衍生成壓力、懼怕、無助和沮喪。

佛陀告訴我們：你想生活得清醒自在，日子過得有創意，就要練習「觀受是苦」。你可以了了分明，清清楚楚地看清事物，作清醒的回應，把事情做好。要提升自我功能，才有創意解決問題。如果你一廂情願地掉入好惡的心情，只想著喜歡或不喜歡，而不去面對現實，思考解決問題，那就會感情用事，掉在挑三撿四的死胡同裡，無所作為，陷入絕境。所以佛陀在《雜阿含經》中說：

能住心於觀受是苦，
不起諸漏，
心得解脫，
我說彼為大丈夫也。

佛陀指出，我們待人接物，「當取自心相，莫令外散。」要真心面對現實，只靠心情的好惡，無法明白事理，就會自生障礙。祂舉了一個例子說，一位廚師他不在調味烹煮方面下功夫研究，卻一心只依自己的好惡，結果做出來的菜餚，酸鹹酢淡不能契合大家的味口，而被主人摒棄。這位廚師只憑自己的主見，終致失敗。

在我的心理晤談經驗中，時下有不少年輕人，在職場工作上發生適應不良現象，其中有人長期失業，在家裡鬱悶，走不出去。父母親說好說歹，終於來晤談。經過一番同理交談，了解他已更換了幾個工作，於是我問道：

「為什麼你要常常換工作呢？」他說：

「那些工作都不適合我，尤其是我努力想出來的作法，老闆經常有不同的意見，看他那副嘴臉和態度，我就是不爽。幾次經驗下來，我真的不想再委屈，就遞出辭呈走人。」

個案在晤談中，由於觸動內心受到壓抑或痛苦的感受，往往會傾訴許多心中的不滿。這時我會平心靜氣地引導他認清事實：每一件事或每一份工作，都可能發生彼此看法不同的情況，而且你的看法可能真的比老闆的見解更高明。現在你冷靜地想想：

「你工作是在解決問題呢？還是要跟老闆嘔氣？」他說：

「當然是要解決問題。」我說：

「對了！老闆可能對一些細節不夠了解，你可以找機會跟他解釋；或者你們之間看法雖不同，卻可以在不同意見中碰撞出創意的想法，把事情做得更有效率，最後皆大歡喜，創造新機，彼此也因此而更知心，更能同理同心。」這時我會藉機指出：

「如果你能對事不對人，不被當時不爽的感受困住，不被老闆忙碌心煩的口氣或臉色絆住，你的創意會告訴你怎麼做最好，你的智慧會指引你，再想想看怎麼跟老闆溝通。」

這時，我會把「觀受是苦」的佛法智慧，很自然地搬出來，用心理學為他解釋：

「做人處世或待人接物，如果把自己的著眼點放在別人給你的感受好或不好上，你的思考就被情緒牽著走。你不是在解決問題，而是陷入嘔氣。這樣不但沒有把事情做好，反倒陷自己於痛苦和憤懣之中，所以佛法很精確地指出：觀受是苦。」

當事人往往在這個節骨眼上起了新的領悟。這時我會進一步告訴他，古德留下來的銘言：「受諸受而無所受。」

我們總在許多感受中生活，但必須很清醒地不要被感受纏住，而要從中解脫出來，用我們的慧眼把事理看清楚。多年來的觀察，那些感情用事、多愁善感的人，都容易憂鬱和焦慮，不但活得不快樂，健康受到干擾，而且在工作表現上也會受到抑制。

我們與生俱來，需要「受」的滿足。心理上要受到愛，受到尊重，受到了解，受到安全的保障，受到榮寵等等。受是身心的基本需要，從而發展出生活的品質。然而，一個人若過度的依賴受，需要無盡的享受，就會帶來沉重的壓力。我們因為追求種種的享受、樂受和榮寵，而陷入貪、瞋、癡、慢、疑種種大煩惱法之中。所以，活在種種享受之中，要不起情染執著；碰到不如意的苦受，要懂得淡然處之，轉苦為樂，轉識成智。

在心理晤談的個案中，有不少人面色凝重，踏著沉重的腳步，進到晤談室。開口第一句話就說：

「我快受不了，撐不下去了！」

她話匣子一開，懷疑先生有外遇，在國外工作，難得幾次回來，回家休息，對自己的態度不像以前親切，不是外出就是在家裡睡覺，如此冷淡，跟他講話愛理不理，她斷定他有了外遇。所以，兩個人陷入冷戰，談起話來有一句沒一句，家裡像冰窖一樣冷。「老師！怎麼辦啊！我已陷入家變之中了！」

我聽了她許多傾訴，也從中了解他們夫妻感情的真相。她所陷入的痛苦是：「先生從國外回來，就應該是和樂相處，互訴相思離情。」她因為得不到這份溫馨，便把先生出國工作的離情轉為苦受，並懷疑先生對感情不忠，於是我說：

「妳先生難得回來，他可能很累，需要休息，比妳更需要安慰和溫馨。相對的，妳卻懷疑他外遇，冷漠不理妳。妳偷偷地檢視他的手機，看他的通聯紀錄，懷疑內容是外遇的女士寄來的。人怎麼想就怎麼感受，妳在瞬間墜入受害者的漩渦，深信先生背叛了妳，從而痛苦萬分，失落沮喪。我勸妳先把事情弄清楚。」

從晤談中可以了解，這位女士有明顯的負面思考和焦慮特質。她一股腦兒認定先生有外遇。於是，我鼓勵他們夫妻一起來晤談。恰巧先生有一個月的時間在國內，經過幾次的晤談，這位女士的心結舒緩了許多。最後一次晤談中，先生摟著太太很誠摯地說：

「我到國外工作，是為了我們的家，把孩子養大成人。我不會做對不起妳的事，只做為了妳和家人好的事，我不在家，你要好好過日子。誠如老師所說『想得對，做得對，就能感受到快樂』，明天我又要出國了，妳要好好照顧自己喔。」先生伸出另一隻手，緊緊握著太太的手。

我從他們的表情和肢體語言中，看出他們之間的改變和摯愛，當時我也受到感動。於是我對這對夫妻說：

「你們今天已完全的交心，從此都要用正向思考，先為對方想一想，幸福家庭和心境，就從此開始。請兩位記得：要時時想著給予，而不是想著接受。這樣的生活，你們都會豐收和喜樂。」

這對夫妻就在一個月的時間裡，學會了互愛。在彼此晤談交流中，他們領會給予比接受更重要。他們已學會如何在分隔兩地間，締造互信和付出真愛。晤談即將結束，我送他們的提醒是：「兩人都肯付出愛的行動，婚姻的園地如繁花似錦緞；一心只想到受愛而不付出，就要當心：觀受是苦。」

佛陀是偉大的覺者，祂指出人如果一直想要追求享受，受納生理上的快感，疏忽了精進努力，就會淪為物慾的奴隸，陷自己於痛苦的境地。因為貪玩樂而不努力的人，慾望不斷提高，自己又無能滿足它，只好為非作歹，鋌而走險，墮入罪惡的深淵。因此，千萬不要成為物慾享受的奴隸，那會是痛苦的根源。

每個人都有口腹之欲，也想享受快感。為了激起這些快感，享受它的激情，很容易沾染吃、喝、嫖、賭的壞習氣，甚至進一步透過藥物尋找激情的享受。這不但會摧毀健康，干擾神經系統的正常運作，破壞自我功能，甚至陷入無法自拔的毒癮，沉淪不起。所以要常常提醒自己「觀受是苦」。

受是生命的自然現象之一，但若被享樂牢牢地繫縛住，生命的主動性會漸漸退失，無心面對現實，接受種種困難的挑戰。時下所謂靠爸族和靠媽族，即一味窩在安逸享樂之中，不能振作起來，甚至陷於罪惡深淵。於是，佛陀警惕我們，要精進振作，不能恣情縱欲。祂說：

若隨使使者，隨使死。

又說：

從其緣起而生苦樂。

隨使就是縱欲，任性放縱自己的情欲，自心的覺性就會被矇蔽，苦樂的緣起就在這個節骨眼上。佛陀作了一個比喻說：

「有一個市集，充滿世間種種享樂，有一個人持滿油缽的燈火，穿越其間，如果油缽濺了出來，就會起大火而燒身。請問持缽的人，敢不顧好油缽，而觀賞周遭的伎樂嗎？」弟子們答道：

「不敢！因為那是性命交關的大事。他應專心地持缽，不受美色所誘，專心地徐步而行，不敢左右盼顧。」

佛陀用精采的比喻，告訴我們要保持法喜，在日常生活中維持歡喜心，成就隨喜功德，但不墮入享受，成為物欲的俘虜而受苦。所以要隨時提醒自己「觀受是苦」。

觀心無常

人的心識變化是無常的。環境在變、社會文化在變，政治經濟也在變。為了應付不斷變化的環境，必須有一顆安定的心，有智慧地回應生活的挑戰，調適現實的種種生活。所以要「定慧等持」，才能適應環境，不斷地成長，實現成功的人生。從正向的角度來看，我們要清醒地觀察環境及一切現象的無常變化，作正確的思考、判斷和行動，所以要「觀心無常」。

從另一個角度來看，如果一個人的心，隨著環境的變化，隨波逐流，隨時都有可能被種種引誘、脅迫、懼怕等等牽動，無法定下心來，去做該做的事，實現有意義的人生，那麼無常的心，就會令人墮落，陷入無明和煩惱。

《首楞嚴經》中，二十五位菩薩在佛前說圓通。他們的入門開悟處雖各有不同，但每個人都從心識和執著中解脫，一方面獲得智慧和佛性的開展，另一方面在有生之年中，都能自在地生活，慈悲喜捨地化度有情。所以，要在無常的現象世界中，契悟到真常，讓生活過得自在，把生住異滅的生命化作永恆的如來法性。好好活用心中的如來秘密之藏，你也能領會到古德所說：

山河及大地，
全露法王身。

在當下的情境中，你也能讚嘆：

萬古長空，
一朝風月。

萬古長空就是我們的佛性，我們無量壽的老家，佛稱它叫不可思議，稱它叫常。當然，一朝風月的生命，只是一趟旅途，所以它是無常。也唯有知道無常與常的人，才是智慧的人生旅者。我們不能把兩者搞混，否則便會迷失了自己的人生。佛陀在《大般涅槃經》中指出，人生最忌諱的就是顛倒。顛倒的關鍵就是：「無常計常，常計無常。」當我們把常與無常搞混時，我們不只會迷失，而且會陷入痛苦的漩渦。南宋的善能禪師說：

不可以一朝風月，昧卻萬古長空；
不可以萬古長空，不明一朝風月。
且道如何是一朝風月？

人皆畏炎熱，我愛夏日長；
薰風自南來，殿閣生微涼。

我們能真正看清心中常與無常的理路，就能把握當下，成功的生活；又能看出究竟第一義諦；能活出隨喜自在，悟無生法忍的極樂淨土。那真是「日日是好日，夜夜是春宵了」。

在《大般涅槃經》中，佛陀說了一個故事，談到觀心無常的真諦。祂說：

有一位愚鈍少智的國王，重用一名庸醫，以致這名醫師更加剛愎自用，療治眾痛，不問病起因緣，風病冷病熱病，悉以乳藥治之，以致病死者眾。時有明醫知曉諸種藥方，告知國王病症不同，應施以不同藥物，才能遏阻病死人數。建議國王，下令禁止一味使用乳藥，應隨病情變化，依病況下藥。不久治癒率提高，病死人數大為減少。國王甚為欣慰。

事隔不久，國王生病了，明醫診療結果告以：

「大王所患之病，應服乳藥。」大王震怒：

「不久前你要我下令全國，不准濫用乳藥；今天怎麼會要我服用乳藥呢？你一定瘋了。」明醫說：

「大王所患乃熱症，要用乳藥才治得好。病情不同，要對症下藥才是良醫妙藥。」

國王聽懂了明醫的說明，服了乳藥，病果真治好了。國王很高興地讚言：

「我今日始知良醫妙藥的道理。」

佛陀說完這個小故事，接著告訴大家，「如來就是大醫王，能用無邊智慧，降伏一切愚迷煩惱，讓每個人都能活得自在歡喜，開展慈悲喜捨的圓滿人生。」

人的心很容易被成見和偏見所障蔽，更容易在千變萬化的生活環境中迷失，失去了覺察，作出錯誤的思考和抉擇。所以佛告訴我們要把握觀心無常的真諦。

人心也很容易被貪婪、瞋恚、敵意和誘惑所困，從而陷入貪、瞋、癡、慢、疑的行為。據《大佛頂首楞嚴經》中所載：由於阿難被淫慾所攝，陷入淫室將毀戒律。佛以神通，知其陷入危機，及時請文殊菩薩前往，將其帶回。他回到佛的身邊，懺悔不已地說：

「我一向多聞，但實際生活上卻未全道力。」

佛於是為他和大眾，說觀心無常的警語。並指出心的不安定，是由於被執著和情染所困，如果懂得修妙奢摩他（清醒寂靜）、三摩（在止觀中修定）、禪那（在冥思中見性），就能掌控自己。這個修行就是「十方如來一門超出妙莊嚴路」，也是具足萬行的根本。如果不從這兒修行定慧，不只有生之年陷入迷失，走不出光明的人生，在生命的究竟義上，更得不到開悟。所以佛陀指出：

一切眾生，從無始以來，生死相繼；
皆由不知常住真心，性淨明體；
用諸妄想，此想不真，故有輪轉。

雖然，我們透過感覺和思考，面對現象世界，但我們卻只是生活在知覺和色塵的範疇，而迷失了本體的光明世界。所以佛陀告訴我們，即是要修持福德莊嚴，同時要開啟佛性中的智慧莊嚴。能契會這個關鍵，便是「覺有情」的菩薩道。即能在世間活得法喜充滿，活得充實自在，又能會心「如來法界」，找到生命的美好歸宿。於是，佛陀言簡意賅地說出清醒的心智：

若離前塵有分別性，

即汝真心。

又說：

性覺妙明，
本覺明妙。

這就是說：我們若不被塵勞情染所困，而能清醒分別是非喜惡，產生正確的行為，開展光明的人生，便是真心。「觀心無常」的奧秘就在這兒。人若能如此，覺性時時都能發揮活潑的明察和智慧，用這個法要去生活，雖然是在世間工作服務，卻也沒有離開本覺。

我深知星雲大師所提倡的人間佛教，其心要就在這裡。在人間生活與工作，就在這兒「發菩提心，開無上乘，妙修行路」。它的要領就是：

澄濁入涅槃，

解脫入圓通。

我們能從種種成見、偏見、情染中解脫出來，就能清醒地思考，把生活和工作都處理好，在待人接物上圓滿通達。人若能如此的生活，不但活得開心，事業也會順利，在心性的覺悟上也自然超越。

我們看到社會上所發生的種種紛擾，生活上的痛苦和煩惱，都因不察「觀心無常」而起。為非作歹，違法造業，也是不從觀心無常中保持清醒的智慧所致。於是，想要好好行佛樂活，在人間活得自在，福慧兼得，就要好好把握佛陀所說的這個法門。

我們活在一個多元價值觀的社會，既是民主制度又是自由開放。尤其在資訊化的社會中，各種不同的觀念、意見的評論，充斥於每個人的腦際。如果不保持一顆穩定的心，未能清醒的思考，很容易墮入人云亦云，而隨波逐流，許多青少年，就因此誤入歧途。當然，有更多的大眾，隨風起舞，步上錯誤的人生。

正因為如此，教育必須重視清醒的思考，精華文化價值的傳承，乃至守法守分守紀的品格陶冶。我們必須覺悟的是：生活在這樣的開放社會，古典的價值精華，如《大學》、《中庸》、《論語》、《孟子》、佛法乃至宗教的要義等等，都應與現代生活結合，萃取精義，作為生命教育或倫理輔導的教材。同時要教導學生靜坐或坐禪，培養學生定慧等持的心力。

透過禪坐（靜坐）和萃取人類精神文明的精華做為學校教材，已漸受重視。諸如紐約東徹斯特學區（Eastchester Public Schools）的學校，乃至賓州大學靈性與心智研究中心（Center for Spirituality and the Mind）等國外機構，都在研究發展這個重要課題，且證實了它的效用。國內如東部的四維高中、台北市的東山高中，以及位在三重的蓮苑社區學校等等，也都在實驗禪定教育，並證實它的效果。透過禪定來學習安定清醒的心智，是目前值得重視的課題。

觀法無我

從生命的現象，細看人生的過程和所有表現。佛陀很明白的指出：周遭所呈現的一切，都是我們視覺、聽覺、嗅覺、味覺等感覺器官所接受到的訊息，它形成了三度空間和時間，從中相對應比較、歸納、演繹等心智作用，形成觀念、知識和解決問題的能力。這些都只是識作用的結果。故云：

萬法唯識。

又說：

觀法無我。

我們看到接觸到的一切經驗，透過比較和分別，加上對自己生命的意識，以及對時間的知覺，形成了現世的經驗，這就是每一個人的我識。它就自我意識的觀點看這一切，感覺到現世生活中，確確實實「有我的存在」，正因如此而產生努力照顧自己的生命力。從而衍生出愛護自己，也要愛護別人；要擺脫痛苦和困局，也要幫助別人解除它。這就是生命的意義，也是有限生命中歡喜的來源。我從佛經中得到的啟發是：

人生如一趟旅行，
但要有個慈悲歡喜的旅程，
而不是給自己和別人

製造愁苦的旅行。
所以《妙法蓮華經》中
說出這個真理：
每個人都應保持「隨喜功德」。

然而，生命是生住異滅的，是生老病死的。它不恆常的存在，所以要在生命的現象和生存的環境中尋找永恆的我，是不可能的。人如果想要在生命世界中找到永恆存在的我，終究會失望和落空。充其量只是執著和情染於現實世界，讓自己陷入無明和掙扎。所以佛陀在諸多經典中指出生活的微妙智慧：

把握生命的當下，
力行覺有情的菩薩道；
透過觀法無我，
契入不可思議的如來法界。
如是開啟法眼，

找到無量壽的法性和自在，
這就是觀自在菩薩。

在世間法的生命歷程中，我們要努力上進。要利益自己，也要利益社會和眾生。要讓自己活得自在，也要和別人分享歡喜。孔子所謂「己立立人，己達達人」正是菩薩道的心法。活在沒有我執和情染中的人，才能開展這個意義豐富的人生之旅，同時也找到無量壽的自性，那就叫「見性」。如是才能在世間生活中，與如來法界「連線」（on line）。時時刻刻與本體世界會心，實現福德和功德。這正是星雲大師所提倡的人間佛教的心要。

我們在誕生之始，並沒有我識和我執，也沒有自我中心的習氣。然而，隨著知覺和經驗的累積，漸漸形成自我意識。每個人自幼而長，各依自己的經驗和感受，形成龐大的自我概念，並拿它與別人比較，從而產生高下、貴賤、成敗等自我評價。往負面評價自己的人，形成自卑的我，從而造成自暴自棄，凡事悲觀；從正向看自己的人，則振作、樂觀和自信，從而發展出主動性和創造力。

每個人都有一筆龐大的我識，它是經驗和自我評價的產物，不是本來如此的命數。

其實，每個人只要用正向的態度去看自己和人生，都有其長處，都可以用自己的「覺性」去發展它的功能，帶來豐富的福報。也都可以用自己的現實和因緣創造人生，發展美德，並從中發現功德，見自本性。這個本性就是佛性，又稱為無量壽。它參贊天地造化，又覺察到「原來自己是如來法界的一分子」。

在《妙法蓮華經‧譬喻品》中，舍利弗自我表白說：我過去常拿自己和別的弟子比較，以致從昔以來，終日竟夜，每自尅責，甚至感傷，失於如來無量知見。現在，我徹底了解「大乘」的真諦，每個人都在自己的根性因緣中，實現菩薩道，得正等覺，實現覺有情的人生。故云：

今聞佛所說法，斷諸疑悔；
身意泰然，快得安隱；
今乃知真是佛子，
從佛口生，從法化生，得佛法分。

舍利弗遵從佛陀親口所說的法，並從中化生實現樂活自在的菩薩道，而成為一位覺者，參悟佛法的真諦和人生的光明之路。舍利弗超越了世間的我識，契入如來法界，雖然還是在人間生活，但已經「得佛法分」了。這樣的法喜，當然會心懷踴躍，自在歡喜。

佛陀告訴我們，要在世間實現菩薩道，做一個有用的人，做一個有德行的人。既能愛護自己，也能愛護別人。要懂得尊重別人，卻不要被自己的我執困住。這就是諸法無我的實現。「你第一我第二」這是我年輕學佛時星雲大師常跟我們說的話。這句話對我而言，隨著讀經看教，人生的種種歷練和工作體驗，加上歲月清流的洗滌，越來越澄澈地呈現在眼前。他的「老二哲學」，正是諸法無我的方便法門。

行持的根本

法是人間所呈現的一切事物和理路。有形的叫色法，無形的叫心法。法不只是現象世界的一切，同時包含了規範和事理等法則。我們每個人，用覺性來面對萬法，並以眼、耳、鼻、舌、身、意等感官來蒐集資料，歸納思考，從而解決問題。然而，世間的生活和環境是變化無常的，所以心識的活動要永遠保持清醒，不能執著於既有，更不能情染而感情用事，障礙清醒智慧的開展。因此，佛陀提出了四念處，要我們時時關注四個法則：觀身不淨，觀受是苦，觀心無常，觀法無我。

我們透過知覺，建立了不可計數的法，作為生活的工具。然而，這些工具和法，卻很容易透過人的執著和情染，把自己也困住，這就是所有不幸和憂愁苦惱的根源。所以佛陀在《大般涅槃經》中，作了明智的提示：

依法不依人，
依義不依語，
依智不依識，
依了義不依不了義。

若能如此，則真能落實四念處。既能發現自己的如來秘密之藏，又能開展人生的智慧與創意，過著豐足自在的生活，這便是禪家所謂的真空妙有。

我識是一切習氣的來源。它發展出自我中心，帶來煩惱，無明和業障。唯有透過四念處的修行，才能從執著和情染中解脫，過著慈悲喜捨的生活，並找到回歸如來法界的大道。

四念處能幫助我們超脫我相、人相、眾生相和壽者相。這就能無我無私，能放下情染執著，悲智雙運地好好生活，並看出生命結束之後的如來法界，給人帶來美好的希望。因此《六祖壇經》上說：

從上以來，先立無念為宗；
無相為體，無住為本。

因此，四念處是生命世界裡最根本的智慧，是自我實現和法喜的根本。在我們日常生活中，若能以四念處當作行持的根本，必然能活得自在開心，福報豐美。所以六祖慧能大師說：

無念念即正，
有念念成邪，
有無俱不計，

長御白牛車。

白牛車就是大乘的生活智慧。人能修持四念處，就能開展寬闊的心胸，過著豐足自在的生活。

我們不是靠著囤積財富，擁有名聞利養，而能生活得豐足自在，得到歡喜的人生。而是在世間實現慈悲喜捨，才能在生命的究竟義上，找到回歸如來法界之路。現在，我年歲漸增，已過古稀之齡。回顧過去，應證佛法，我有著豐收的喜悅。我很能契會六祖慧能大師所說：

無相者，於相而離相；
無念者，於念而無念；
無住者，人之本性。

人生要能真正體會在「萬相之中獨露身」，又要在念念增進之中不起執著，從而綻放智慧和創意。更重要的是：你要明白無住的真理。只有修持無住，才不會被煩惱情染綁架，才不會陷入輪迴的意識之流，看不出生命的光明希望。

我們來人生走一趟，要透過四念處的方法，才能活得自在幸福，才能開展慧眼，看出如來法界。人生如旅，但要有一趟好旅途，不要掉落在愁苦的人生路坎下。人生如戲，須得演出一齣好戲，不要在歹戲裡混充過日子。

要想過個福慧充滿的人生，必須從四念處著手；要想找到真正的皈依處，參契美好的如來法界，也要從四念處著手。

叄

主動的心力

四正勤是成功人生的態度

人能否活得開心，日子過得振作，找到興致，讓自己在工作和生活中覺得開心，有成就感，關鍵就在主動性的開展。主動性來自喜歡自己的人生，願意發揮自己的特質，而使自己興致勃勃。同時在事業的表現上，也因而歡喜投入，產生創意和成就感。

主動性高的人，比較能發現生活和工作的喜樂、信心和目標，從而採取積極的態度和作為，能駕馭環境，解決問題，克服種種困難，並對自己的人生抱著正向的態度，發揮自己的能力，提升待人接物的品德。

從佛法的觀點看，「正勤」就是培養主動性的最佳方法，正勤指的是正向的生活態度，並能腳踏實地的執行。要用歡喜心去行動，秉持正知正見，好好去生活工作。人如果抱持正向的思考和態度，就能發揮潛能，領受到歡喜和成就感。如果陷入負向思考，就會變得消極，憂鬱和沮喪。正勤使一個人振作，活得開心。頹廢消極使一個人陷入困頓無助，一心想要掠奪佔有，則種種罪惡邪思因之而起。因此《大智度論》上說：

破邪法，

正道中行，
故名正勤。

龍樹菩薩指出：在生活中有正確的方向和目標，學習行動和解決問題的能力，精進地攝受努力，就叫正勤。隋智者大師在其所撰《法界次第》中，依佛陀的經教加以分析說：「對已生之惡，為除斷而勤精進；對未生之惡，更為使不生而勤精進。對未生之善，為生而勤精進；對已生之善，為使增長而勤精進。」

這段精采的文字，就是在闡述主動性。主動性的開展，要從「定慧等持」的禪修中發展，從而產生初善、中善和後善。誠如《六祖壇經》中，法達禪師開悟時所說：

羊鹿牛權設，初中後善揚。
誰知火宅內，元是法中王。

羊鹿牛比喻是小乘、中乘和大乘，意即從自我的修持，緣覺的體悟，到大乘菩薩行的實現，都要靠主動性，一步一步地踏上正向的人生，開啟自心中的菩提自性。人生就像處於火宅一樣，眾苦煎迫。如果我們能發展主動性，就能開展美好的人生碩果。

什麼是初善呢？就是透過主動性去學習和精進，從而產生覺醒。當自己有所覺醒，接觸到般若自性時，就會像晴空萬里一樣，活得有智慧，日子過得歡喜自在。它的要點是：

- 覺照到自己心中的主人翁，領會到人生如旅。
- 接觸到光明的自性，開啟精進正向的人生。
- 懂得破除煩惱、情染和無明，讓自己活得充實歡喜。

什麼是中善呢？那就開啟了光明的慧性，能覺照到眾緣性空唯識現，開始過著自我實現的生活。它的要點是：

- 想得正確做得對，能隨緣發揮創意，過成功的人生。
- 對自己心中深處，有著真實和永恆存在的菩提自性。
- 參悟到如來法界，有著豁然開朗的大自在。

什麼是後善呢？那就是回到現實生活中，把握世間生活的創意和自在，努力把工作做好，並能在平凡無常的人生中看到「無量壽的如來法界」，這就是《大佛頂首楞嚴經》中所說的圓通。在此經典中，佛特別讚賞觀世音菩薩，透過「入流亡所」所現的兩個殊勝：

一者上合十方諸佛本妙覺心，
與佛如來同一慈力。
二者下合十方一切六道眾生，
與諸眾生同一悲仰。

於是，心中的主動性，在各行各業都能實現慈悲喜捨的無量心，都能為社會大眾奉獻心力，而自己卻無情染執著，更無貪、瞋、癡、慢、疑、邪見等煩惱的羈絆。這就是真空妙有的妙諦，也是世間出世間不二的圓通。我不禁要讚嘆星雲大師提倡人間佛教說：

人間佛教，
開啟幸福智慧人生；
佛光普照，
同時安住如來法界。

每個人心中，都有著活潑清醒的主動性。透過主動性的開展，我們不但能開啟幸福自在的人生，實現美好的人生之旅，更能在工作與生活中，實現覺有情的菩薩道。

每個人的環境因緣不同，職業工作互異，透過主動性的覺醒，都能在自己的人生實現菩薩道，都能找到生命的意義，都能回歸如來無量光明、無量法喜的如來法界。

為了孕育主動性，從而發展出精進勤奮的性格特質，同時又在生活和工作中，契入如來法界，佛陀提出圓通的教法：每個人根性因緣不同，生活環境和工作都不一樣，都要發展心中的主動性，開展自己特有的生命花朵，結成特有的果實，奉獻於社會，布施給眾生。從中得到自我實現的成就感，又完成清淨無染的生命意義（涅槃）。這是《妙法蓮華經》的精義，同時也是實現「無量義三昧」的人生指南。歸納活用主動性，以展現圓滿通達人生的要領如下。

善用創意思考

每個人都具足主動性，能在自己的生活情境中，開展其創造力，去解決問題。人只要把主動性放在善行，放在慈悲喜捨上，就能開展「無量心」。佛陀在《妙法蓮華經》中指出，把主動性放在生活情境上，就能開展智慧和創意，在世間法上產生無限潛能，在出世間法上看出生命的意義，成為一位悲智雙運的覺者。

由於每個人的根性因緣不同，所以注定要各自發展主動性，成為社會上有用的人，都能在其人生歷程中，感受到生命的價值和貢獻，而成就菩薩道。人們在不同的專長和工作中發揮主動性，「自我實現」其人生，在那兒領受成功的喜樂。佛陀指出這個真理說：

一雲所雨，
稱其種性而得生長，華果敷實。
雖一地所生，一雨所潤，
而諸草木各有差別。

佛陀所說的法就是每個人心中的主動性。祂就是一位智慧的導師，引導每一個人發揮主動性，開啟彼此不同的潛能，成為一位成功的生活者，成就覺悟通達的人生。因此經上說，有無數千萬億眾生，來至佛所聽此正法。佛如來則依其「諸根利鈍、精進懈怠」，為他們啟發說法。《妙法蓮華經》上說：

隨其所堪而為說法，
種種無量，皆令歡喜，
快得善利。
是諸眾生聞是法已，
現世安隱，
後生善處。

把握自心中的主動性，就能產生生活和工作的正向靈感。它就是創意，就是正向解決問題的智慧。無論你從事的行業是什麼，要在靈感來時記錄下來，及時掌握，努力實踐。你的創意雖是為了事業，但也是對社會福祉的貢獻。

心理學家羅伯・艾布斯坦（Robert Epstein）指出：要想發展創造力，就要懂得善用靈感。「無論你正在做什麼，要抓住到來的靈感，每有新意，便要把它筆記下來。」因為那是你辛苦工作、學習和體驗過程中，所流瀉出來的智慧。

主動性所產生的創意和靈感，並非你坐著等它就會來臨，而是要努力尋求挑戰，多方面的學習和探索，然後創意或靈感才會翩然而至。這正是佛陀所說的「正勤」。人只有運用自己的主動性，多看、多學、多參與，才可能開展其創意思考。「科學、工程和藝術各方面的許多突破，常來自不同門類思考和經驗的整合。」只有願意在自己的專業外，多元接觸，才能激發創意。

我們很容易把自己限定在熟悉的知識或技術領域中，或把自己局困在已知的經驗牢籠裡，以致失去創意。所以，創意心理學家總是提醒我們：想加強創造力，必須常學新的事物；要自己更富創造力，就要培養並把握不斷湧現的靈感，並採取行動，加以利用。這就是透過正勤，能引發主動性，產生智慧和創造力。

我們對自己的人生也要有創造力，才能活得開心，日子過得自在。如果你能開啟自己的主動性，人際互動就會變得圓融，得到的人際支持也多。當你得到的感情支持、工具性支持、意見的支持，乃至經濟性支持也變得豐富時，你的人生就變得更豐足自在。要去經營這塊富饒的人生田地，必須發揮主動性去關懷人，用同理心去了解人，並主動地與人建立友誼和互助的關係，那也是要從正勤中去努力。

人生每一個領域，都需要創意和智慧，它的來源是主動性的開啟。然而，主動性的起點，就像啟動車子的引擎，然後踩下油門，汽車才能往前行駛，走出美好的人生旅程。但別忘了，還要及時加油，否則就會半路停擺。

善用創意思考，主要的動能來自興趣，透過興趣的熱情，產生步步為營的行動，從而開展出成就。

樂在工作

人為了生活，為了經濟和現實的需要，乃至為了成就感或自我實現的需要，必須工作。透過工作的表現，令我們事業有成，有著滿足感和健康的自尊。

要在事業上有成，就必須喜歡自己的工作，開心地面對職場，這才能發揮主動性，產生勤奮和創意。但麻煩的是多數人不喜歡自己的工作，這些對本身的工作不感興趣的人，像是被工作驅使，不能發揮創意，振作不起來，終究難有成就。我有很多機會接觸到事業有成的人，隨緣請教他們：

「是什麼力量令你在工作上有如此耀眼的表現？」

他們都有不同的成功因緣和際遇，卻都指出：

「主動的工作，開展了對工作本身的興趣；人不是為了糊口而被動的工作，而是投入其中，感到興趣，產生創意和毅力。」我聽他們的創業心得，不禁又請教他們另一個問題：

「請問你怎麼找到有興趣的工作？」大部分的人都說：

「如果一直在找有興趣的工作，通常就會陷在挑三揀四之中，猶豫不決，發展不出興趣。時下有許多人，經常在換工作，不能累積經驗，開展自己工作的視野。那就培養不出興趣、主動性和創意。」我也常問這些事業有成的人：

「工作振作不起來的人，除了覺得對工作沒有興趣之外，還有什麼心理上的障礙，導致他們失去主動，找不到工作的興趣？」我聽到最多的回應是：

「對工作產生不了主動性和興趣的原因是：他們只把工作看做是謀生的工具，以致陷入被動，從而發揮不出對工作的興趣。」

我仔細觀察各行業成功人士，證實他們的主動性都很強，而且對工作相關的整體情境都抱持著興趣。因此，他們的視野和敏銳的創意，令人激賞，這些人即使年齡已屆銀髮，工作的主動性和創意還是令人讚嘆。

在我的心理晤談經驗中，有許多人跟我談到工作乏味的困擾。記得有一位老師，跟我談到教學生涯的乏味，尤其是碰到頑皮不聽話、家長又溺愛的學生，對老師的指導挑剔批評也多，更加深她的無力感。她心裡很想辭掉教職不幹，但又不得不為謀生考慮，於是陷入無助和憂鬱。我耐心地聽她訴苦，支持她說下去，好讓她一吐為快，淨化長久積鬱的情緒。當她傾瀉積鬱之後，我問道：

「妳應該先有個心理準備，每一種工作都有困難。如果沒有困難和挑戰，就不需要這個職位。所以，工作就是透過想像和創意，去解決問題。」她說：

「我想不出解決問題的辦法，所以覺得很無奈。」我說：

「何不請教別的老師的意見？」她說：

「我不喜歡跟他們討論教學問題。因為他們很鄉愿，總是不贊同我的作法，或者說些我無法接受的建議，他們所說的意見都是批評。」我說：

「在批評性言論中，仔細想想實質內涵，就能啟發妳的創意思考。不要在心理上阻抗他們的意見，而是把它當作腦力激盪的素材。只要妳真誠地想把班級帶好，就會想出新點子。只要真心去愛孩子，關心和同理家長的心情，妳一定會樂意傾聽和思考，並透過溝通產生有效的教學方法。」她說：

「照你這麼說，老師的教學主導性不就蕩然無存了嗎？這樣當老師還有什麼意義？」我說：

「別小看學生和家長的創意，當妳引導他們，一起來思考學習的規範或方法時，他們會認真地思考，並發揮主動的創意。當妳仔細聽聽家長的批評之後，冷靜澄清其心聲，肯定他們的熱心，他們會跟你合作，解決教學上的歧見。」

經過幾次晤談，她的心情平靜了，在教職的適應上也進步許多，後來她告訴我她的心得：

「以前我不喜歡我的工作，是因為我總是跟別人站在對立的位置，所以我跟學生、家長和同事不能有效溝通。現在我變得活潑有創意，在教學上有許多新的做法，是因為學會主動與人和諧溝通，在溫馨中激發出許多支持和教學創意。」

這就是《妙法蓮華經》中所說的安樂行。我們若能善用它，就能產生智慧和創意。所以經上說：

善修如是安樂心故，
諸有聽者不逆其意。
有所難問，
不以小乘法答。
但以大乘而為解說，
令得一切種智。

工作和事業的創意，不是自我中心思考出來的；更不是與他們作對，相互鄙視所產生。工作的創意是「安樂行」所衍生出來，是結合許多人共同的興趣和人際支持，孕育樂在工作，從而群策群力，產生創意，這就是視野寬闊的大乘。這對整個事業的發展，具有決定性影響力。個人的工作創意，也會因此而大大提升。

在工作中，我們採取安樂行的態度，別人也會回應這樣的積極態度，從而帶來豐富的創意。反之，自怨自艾，又跟別人疏離或過不去，到頭來只是對自己有害無益。喜歡跟別人合作，創造歡喜的氣氛，那麼互相支持所產生的同理心，會給彼此帶來豐富的創意和主動性。

家庭生活和夫妻之間的融洽，也都來自彼此主動的交互愛護。俗諺所謂的「家和萬事興」，是由於成員的主動性，在平常生活中互相支持，自然地表現溫馨和諧。在這樣環境中長大的孩子，受到主動性身教示範，自然產生「四正勤」的好習慣，孕育出活潑的主動性。

樂在認真生活

在禪宗的生活智慧裡，常常都會提到「要活在當下」。在當下的現實世界裡，好好用創意去工作，去做有益於社會的事，無論你的工作職業如何，當下就是行菩薩道的寶貴時刻。同樣的，也要在「當下」認真快樂地生活，看出它的美，發現它的價值和意義。

在生活和工作中，我們無法選擇遭遇，卻可以選擇我們的看法和方向。對於任何發生在自己身邊的事，既然已經遭遇到了，就無從選擇。但任何所遭遇的事，它所發生的後果，卻跟自己對它的解釋息息相關。如果你的解釋是正向的，你對未來的看法是光明的，所遭遇的事，就化成助緣，你會變得振作快樂，並能產生積極的態度，去面對所遭遇的事，禪家常說：

萬古長空，
一朝風月。

這是要我們在有限的生命裡，看出永恆、無量壽的法界。它時時刻刻不離開我們，我們也自在地活在這個不可思議的法界，它「不增不減，不生不滅」，是屬於無為法的世界，只要不被色塵綁架，你就觸碰到《心經》中所說「色即是空，空即是色」。你可以在當下生活中，找到自在和喜樂。反之，在有限的生命之中，我們活在山河大地裡，遭逢千變萬化的人生際遇，必須把握當下，懂得欣賞一朝風月之美，從中努力振作，同時看到自在和喜樂。這種認真生活的態度，正是靈雲志勤禪師所說：

三十年來尋劍客，
幾回落葉又抽枝；
自從一見桃花後，

直至如今更不疑。

志勤禪師一直努力，要用利劍般的決心，把煩惱和障礙清除掉。但三十年後的一個春天，他在花開花落之中，看到永恆的存在，也看到盛開美妙的生命花朵。所以，生命快樂的根源，既是努力工作和認真生活，同時也契會萬古長空的法界。人生如旅，但要有悅樂之旅，慈悲喜捨之旅。然而，旅途中總不免顛簸困頓，有種種的勞累和艱辛，但還是要認真快樂地活下去。當你了解到南泉普願禪師所說：

天地與我同根，
萬物與我一體。

解除了種種分別和執著，不被得失好壞貴賤所繫縛綁架時，你開始認真生活，並得到快樂。

多年前一位女士跟我晤談，她原本幸福充滿希望的家，面臨沉痛的厄運。她摯愛的先生突然中風，無法自由行動，只能靠輪椅代步。雖然她有三個孩子，老大老二都已大學畢業開始工作。但一想到先生病倒，就不免心碎。她傷心哭泣地說：

「我們倆辛苦大半輩子，正想著未來有好日子過，沒想到自己命運多舛，還要苦到老死。」

我一邊聽她的痛苦述說往事的種種，一邊同理地引導她繼續說出家庭的生活及經濟狀況。她告訴我，他們有間公寓式房子，勉強維持生活應該沒有問題。最痛苦的是面對癱在那裡的老公，這事令她心碎和絕望。他們兩個在辛苦工作中，總是想著未來的美好，讓自己振作起來，現在所面對的是絕望和失落。我了解她的心情之後告訴她：

「要活在當下，在現實中找回一些生活的樂趣！」她長長地嘆了一口氣說：

「眼前所看到的只是希望的破滅。」我說：

「試著推輪椅帶他一起去聽音樂會，到家居附近遊玩。甚至可以去中南部風景區走走，認真地生活，開心地欣賞風景，享受當下時光。」

我告訴她，要幫助先生適應輪椅的生活。運用巧思一起出去踏青，一同享受以前未曾有的閒情逸致。先生的心情好轉，你也會跟著感到喜樂。你們兩人的身心會健康許多，興致會好起來。接受不方便的現實，卻能從中耕耘出生命的春風，以及繁花似錦的生活情趣。

她接受了我的建議，開始推著先生的輪椅，一起在公園散心，後來真的到中南部遊玩。兩年之後，先生的健康大有進步，他們一起出國旅遊。她特別來告訴我這段逆境中的生活智慧，感謝我給他們的鼓勵。她說：

「你說的一點都不錯，要活在當下，認真有興致的生活，就能享受人生。」

在我的晤談經驗中，引導受重大打擊而幾乎絕望的人走出新的人生視野，真正去行動，是他們東山再起的關鍵。困難並不可怕，可怕的是束手就擒，甚至有些人，還找很多藉口，像是業障深重啦，冤親債主的索討啦，天生命盤就如此糟糕啦等等。

四十多年來的研究觀察，我領會到困難並不可怕，可怕的是不知道怎麼對付困難。我們每個人都要懂得，在危機未來之前，學習認真生活之道。從中轉識成智，把沮喪和絕望的心情，轉化成正向的行動。這些基本的要領是：

- **培養樂觀的思考模式**：要對未來充滿希望，對一時的挫敗，認清它只是部分或一時的失調，而不是能力和命運的全盤挫敗。人可以在挫敗中復活，可以在現有的資糧中，創造新的契機。
- **接受現實，但不要放棄理想**：不要為失敗找藉口，而是要在現實情境中，忍受痛苦，繼續努力，恢復自己的活力。

- **要用歡喜心生活**：生存之道在於能放得開，捨得下。誰都不能喚回過去的喜樂，而是要在當下發現悅樂之情。
- **人必須有活下去的意志**：不只要面對現實，還要在現實的世界裡發現光明和價值，從而克服困頓，找到豐收的心路歷程。

我也見過許多受挫而一蹶不振的人。他們心中想著：生活必須是一切順利，否則就沒有價值。凡是對我不利的事，都是我的恥辱。他充滿著報復心，脫離不了敵意和仇視。於是，生活一直陷在忌恨和不安之中，擁抱著憂鬱和憤世嫉俗，把自己的精神力消耗在沮喪和哀愁之中，看不出喜樂和欣慰。

一位年輕貌美的小姐，在感情被騙之後，一直懷恨在心，每天把那不幸的劇本，在心中重演。她再也欣賞不到生活中多采多姿的世界，只剩下不斷重播的憤怒和敵意，她想用死亡來處罰對方，滿腦子是仇恨。她來跟我晤談，似乎是為了說服我贊同她的非理性想法。經過一番傾訴，紓解後，我問了她幾個問題，然後進入這段對話：

「妳所遭遇的問題是什麼？」

「感情被騙，心有不甘，痛苦難耐。」

「妳想自殺能解決問題嗎？」

「我想一了百了，也讓他內疚終生。」

「如果妳自殺得逞，帶著憎恨的心識進入陰界，那兒舉目無親，寂寞又痛心，妳會不會更加痛苦呢？妳怎麼可以拿別人的錯誤來懲罰自己，把好好的靈性糟蹋呢？」

於是，我為她說了有關瀕死經驗（NDE）的一些研究，告訴她從死亡中回陽的人，都指出要好好的愛惜人生，要用愛心和智慧去生活，無論遭遇任何苦難，仍然要保持菩提自性的清醒，從種種逆境中創造福德莊嚴和智慧莊嚴。我告訴她：

「人生有如一趟旅行，不免碰到種種艱困和險阻。然而智慧的旅者，都不忘苦中有樂，在崎嶇的危崖中，看到四周美麗的景致。」

她似乎被我的幾句諍言給喚醒了。她的眉宇有些舒展，我知道那是一種領悟或開解的表現。我趁此機會提醒她：

「回到工作崗位上，那兒有同事的友誼，有工作時認真生活的氣氛。更請記得，好好安排妳的餘暇，認真地生活：旅行、郊遊、參加新的團體活動。妳要給自己掌聲，要在跌跤中，笑笑地站起來，拍拍灰塵，過著成功的人生。」她似乎被喚醒了，這時我給了她一首禪詩：

我有明珠一顆，
久被塵勞關鎖；
今朝塵盡光生，
照破山河萬朵。

她拿起筆來，向我要了一張紙條，工工整整地寫下這首詩。為了慎重起見，她還讓我過目，確認她寫得對。然後視若珍寶地放在皮包裡。她以堅定的語氣問我：「你能為我解釋一下，什麼是照破山河萬朵嗎？」我說：

「當妳的心平靜下來，覺性自然顯現，生活中的林林總總，得失好壞，貴賤成敗，都能產生光明的啟發性，讓我們展現更多的創意，得到活潑豐富的啟發，就在抬頭舉足之間，妳有了許多鮮明的領受和啟發，而不會被過去的成見和心結所綑綁。」

她露出了舒展的臉，因為結束晤談的時間已到，我站了起來表示要送客。她也站了起來，很虔誠地告訴我說：「老師，感謝你為我開示了一個全新的視野。我會認真去生活，從中活出美好。」

簡單最有力

美好的生活，當然是從四正勤中經營出來的。不過，如果像工作狂一樣幹下去，不但會累死，也會把生活的美好抹煞掉。所以靈性心理學的研究者常會告訴我們：「美好樂活的秘要，就是一段由繁入簡的心路歷程。」

懂得以簡馭繁的人，才能在這個工商發達的資訊時代，活得有效率，又能保持起碼的閒情逸致。誠如《維摩詰所說經》中所說：

雖行四正勤，
而不捨身心精進；
雖行四如意足，
而得自在神通。

佛陀所要告訴我們的是在有為法中保持無為的心。我們要在繁忙的世俗生活中，保持單純的思想和言行的妙法；要用素樸的心去處理結構複雜的事，這樣才有智慧見樹見林，得到好的系統化思考和執行力，進而獲致圓滿的結果。

我們很容易把小瓜葛複雜化，陷入紛繁，為枝節小事耗盡心力，而荒蕪了該做的正事。所以正勤，代表著以簡馭繁，能用自然開朗的態度，去處理現實情境中繁雜的事務。單純之道就是帶來「心中淨土」的方法。淨心就好像一片沒有污染的沃土，能生產碩美的花樹果子一樣。這樣的人，性格開朗，生活有興致，常以平易近人的態度待人處世，表現出坦率無邪，能孕育卓見，有好的視野和眼光。所以說，單純的修養，是克服煩惱雜亂，清除過多心理壓力的生活修鍊。

單純不是心量狹小，而是釐清心中的矛盾和紊亂；更不是逃避責任，閃躲現實的挑戰。單純是調伏自己的心，不被無明煩惱所困。一個人的心，如果經常陷入矛盾，顧慮多而猶豫不決，產生煩惱沮喪，在舉棋不定中生活，就會帶來心理失調。不但影響生活品質、工作效率，最後連身體的健康也賠下去。

在《維摩詰所說經》中，有一段精采的經文，是智慧通達的文殊菩薩與維摩詰大士的對話。文殊問道：心裡有許多矛盾，陷入種種貪瞋癡，被這些複雜心念所困的人，應如何調伏真心。維摩詰在眾多人的面前答道：

有疾菩薩應如是調伏其心，

不住其中，

亦復不住不調伏心。

簡單或單純使一個人心思淨化，變得智慧有創意。但我們不是以淨化自心為目的，從而停留在靜態裡，失去活潑有創意的生活，失去為社會大眾服務的初衷，而變得無所作為。

有一位中年男士，在跟我晤談中很沮喪地說：「我的老闆很挑剔，總是嫌東嫌西。我的工作一再被退回來，表達意見的口氣又是那麼鄙視人。他的表情令我無地自容，語氣令我受到貶損和凌辱。」他說：

「我忍無可忍，想辭職不幹。老師，你的意見呢？」

「如果你有自己的抱負或創業理想，心裡有了準備，知道自己要做什麼，而且已著手去接觸新的目標，有了線索，你就可以思考在適當時間離開現職。」他說：

「沒有什麼準備，只是單純的氣不過，才想辭職。」我說：

「你辭職之後，會產生更嚴重的忌恨，而且有可能因為失業而帶來更多壓力，把你困在『專職的憂鬱』中。我建議你：老闆說話的表情和口氣不好，那是他的錯，不要把它攬過來傷害自己。劃分清楚，不被它傷害，這就叫單純。老闆要為工作的績效負責，他反覆跟你討論計畫的細節，那是他的職責，你不要想作他在找你麻煩。仔細聽他的意見，好好面對真實，把工作做好，使自己的工作和生活變得簡單。」他點頭同意，但口頭上卻告訴我：

「我很單純地，只希望他態度好一點，不要侮辱人。」

「這個單純的要求，會讓你心煩氣躁，丟了工作。」

「那我該怎麼辦？」

「把他的言行態度和你該做的工作分開。談工作、把工作做好。至於他的態度，那是他的私德不當，你該捨下它，不要受干擾。這叫單純，也叫簡單，能給你帶來豐沛的心力，也帶來快樂的生活。」

這段晤談對話，釐清了他的心思。他在我的面前重述了這個心得：「對噢！他的爛態度是他的錯，不是我的錯。我會提醒自己，要對事負責，不理會他的疾言厲色。」

我又補上一句叮嚀：「不要用他的錯處罰自己，讓他自食惡果吧！」他驚訝地問：

「他會有什麼惡果？」

「壞脾氣會傷害他的健康，會失去人際支持的溫暖。不過，那是他的事情你也管不著啊！」他說：

「我了解了，我會平心靜氣把工作做好，避免彼此間的緊張氣氛，減低一點他的傷害。」我說：

「你已體會到簡單之美，也發了慈悲心的功德。」

懂得以簡馭繁的人，心情態度會開朗起來。這不但能令我們在工作中找到安樂，而且能在現有的環境中，看出種種因緣，從中學到新的能力，看出新的希望。

簡單的心靈修持，使人心智大開，增進自己的心力和工作潛能。更重要的是，它能幫助我們不被紛擾綁架，而增強自己的本事，活得更充實快樂。

人生是艱難的，要接受種種磨練和挑戰。然而，只要你願意接受，這些困難就能轉變成智慧和快樂的來源。誠如心理學家史卡特・貝克（Scott Peck）所說：「那些傷痛和困難的事，正是教導我們的機緣。」只要我們以「四正勤」為出發點，就能啟動潛在的主動性，學會更多能力和智慧。

於是主動性和正勤的心力，使我們不怕問題和困難，不會找藉口想避開困難，那麼痛苦就會迎刃而解，而讓生命充滿信心和喜樂。

四正勤帶給我們主動解決問題的心力，讓我們活得振作豐收。因此佛陀在《華嚴經》中特別指出苦是聖諦，然而要轉苦為樂的妙法，就是透過四正勤來發展主動性。它讓我們有智慧和行動力，帶來不斷成長和生命的覺醒。

肆

活出如意歡喜

四如意足帶來快樂

如意是指一個人，能夠接納自己的處境，無論是苦樂、貴賤、成敗和得失，都能平心靜氣的接納、思考，作出正確的回應，得到正向的效果。人生雖然免不了苦惱和打擊，不得不接受委屈和危機，但只要大腦能同化它，把正確的資訊輸入前額葉皮質，作思考和抉擇，從而採取行動，解決問題，那就能帶來成功和喜悅。這段心路歷程，帶給我們如意足。

有時，我們作了許多思考和努力，最後的結果還是失敗，還是陷在困境之中。請記得，別讓憂愁磨倒自己。你還是要誠心誠意負起責任。為了孕育承擔責任的勇氣，必須尋求大安慰大啟示。你可以虔誠地祈願，祈求佛菩薩賜予智慧和力量，給你如意的心去看清事態，做該做的事。祈願不是祈求一個結果，而是透過虔誠的責任心，與佛菩薩應感，啟發你的心。當你意得心開時，眼光和行動力再度出現，你又能踏上如意的路子上，向光明的目標邁進。

就現實生活而言，這個資本主義追求成長和財富的緊張社會，一般人都脫離不了牽掛的生活。事實上，完全沒有困難煎熬也不是好事，因為愁苦煎熬正是教導我們的良師。當了解到這一點時，我們會冷靜地發憤圖強。振作和歡喜的心境，開始在大腦裡開展，行動力和意志，就受到鼓舞。

用這種態度去生活工作，真的會改變命運和生活品質。許多企業家都跟我談過：跨越愁苦的溪谷，從中找到美妙的如意石。它成為心中典藏的珍寶。

如意足不是只有面對順遂時才產生的情緒，如意足根本就是正向的心智活動。它對於周遭的現實之美看得清楚剔透，欣賞神往其中之妙與美，從而得到歡喜和美好。有一位被婚姻和工作失敗困得死死的憂鬱患者找我晤談，我指引他把時間作區段分割。該工作或處理商務的時間，絕不煩惱沮喪，也不生愁恨、不滿和失望，這能使工作效能提高。另一方面，不工作的閒暇，要放開心胸和視野，去欣賞周遭之美。過了一個星期，他來告訴我說：

「我堅定心志，決定不在工作時間想那些沮喪的事。就用你教我的方法：像牧牛一樣，只要牛一去吃秧禾，我即刻把牠拉回來。」他又說：

「我的心理空間，垃圾減少很多。星期假日，我起個大早到東北角海邊，寧靜地坐著，欣賞晨景和海上晨曦。我陶醉其中，回想自己的心也該像這樣剔透潔亮才是。」又說：

「我開始領悟到：生活中有困頓沮喪，但也有明亮的喜悅。為什麼我只看到愁苦，而忽略放眼看看身邊的美好呢？我太太固然難纏，但她也有晨曦放光的時候；我的事業與合夥人之間免不了不愉快，但退一步想，多一點包容，建立管理制度，將來仍大有可為。」

這些話是一位中年企業工作者自我覺醒時所說的真心告白。他說了這些話，我很認真聆聽和欣賞。我知道他已開啟了如意足的智慧。他的工作和家庭生活，將會展現出光明的未來。我回應著說：

「你的生活視野拓展了。以後被挫折沮喪襲擊時，請記得那只是寬闊海域的一波大浪；你當然要面對它，處理它，而且要自問『這樣做於事有補嗎？』」

他微笑著對我點頭，面露信心地說：

「我是到你這裡來，才真正張大了眼睛，看清生活和工作的原貌。它有崎嶇波濤，也同時帶來壯觀和優美。我以前只有見到一半，所以專事挑剔，任由自己往苦海的方向游去。今天，我才了解佛法所說：『不起障礙自得法喜。』」我說：

「只要不起無明障礙，沒有比這更好的生活了。佛所說的如意足，就在這自由的心識上，悠然出現。」

佛陀指出，「清淨本心，本覺常住」。我們的心情和視界本來就寬廣，有創意、有歡喜，由於我們起了分別心，於是產生了對立、狹隘和敵意，衍生許多紛擾和煩惱，帶來更多負面情緒，結果卻忘了用智慧和創意解決問題，錯以憤怒、沮喪、憂傷來折磨自己。這就造成佛所說的顛倒。我們失去生活的喜樂，遺失了明亮的視野，掉到愁苦的洞坑，走不出來。

如意足就是教導我們展現菩提真心。用真心生活，不但能解決生活中的痛苦難題，而且能活得多采多姿，豐足自在。這個心靈生活的轉變，佛陀在《首楞嚴經》中稱為破妄顯真。這不但能免除種種誘惑而步上大錯，又能啟迪身心，開展光明的視野，看出生涯的正向道路；免除負面情緒，帶來清醒的妙善心境。因此，佛陀在此經中特別指出生活的要訣：

澄濁入涅槃，
解脫入圓通。

我們若能從混濁的情緒中澄淨下來，內心就變得清醒明朗。若能如此，即使生活在艱苦的生活現實裡，還是可以打開法眼，思考解決之道，放開胸襟，欣賞周遭未被波及的美好情境。這既是涅槃的心，也是圓滿通達的情懷。

心如意足，就是要改正顛倒想。不要被小部分的不如己意給困住，而陷入情緒生活的愁苦黑洞。要展開真心，不被執著情染給困住。那才能了了分明，懂得過喜樂如意的日子。

我們有個共同的習氣，那就是為了贏過對方，為了追求佔有，為了名聞利養而忘失生活的本質。於是，很容易把小小的失落，看成天大的損失或挫敗；把一時的損失，視為無地自容的挫敗。於是被負面情緒包圍，痛不欲生；受憎恨敵意鞭刺，起了反社會行為，或者陷入性格異常。

在《維摩詰經》中，維摩詰自稱來自歡喜國，這個美好的國度，跟我們生活的世界並沒有什麼大不同。最大的差異是他們時時保持如意足，能歡喜的生活，能慈悲喜捨地過日子，他們法喜充滿。於是，我們應該有所覺悟：不是等到有一天往生歡喜國或極樂世界，你才享有喜樂如意，而是當下，要開啟菩提自性，用智慧的視野，直接體會當下的美好。也就是說：我們要用清醒的心智去克服困難，同時也用歡喜自在的態度，活出豐足自在的歡喜國。如果不作心靈的修持，即使讓我們往生極樂世界或妙善國，我們也會待不慣，喜樂不起來。

如意足來自我們清醒的心，能了了分明地看清生活和工作，不以偏概全，不以我執見他人，更不以執著情染行事。要用真心去辦事，用平常心自持，就會品味到平常生活和工作的好心情。禪宗有一首開悟詩說：

盡日尋春不見春，
芒鞋踏破嶺頭雲；
歸來笑拈梅花嗅，
春在枝頭已十分。

如意的心情，就在我們生活情境之中；不是在生活和工作之外，另覓如意足。然而這個如意足，卻無需追逐造作，只需「笑拈梅花嗅」就得到春天的美好。

現代人的情緒生活，受到追求成長、效率和市場競爭的影響，普遍出現心理壓力過大，焦慮、沮喪和憂鬱的人增多。因此，如何培養如意足，成為眾所關注的問題。我研究心理諮商，從小優游於佛法和經藏的妙義，深知四如意足對現代人是一帖良藥，是帶動一個人振作歡喜的要訣。

活得有目標

生活有目標就會振作和歡喜。有個正確的目標，能帶來欲如意足。目標帶給一個人希望和意義，促動其主動性、創意和活力，每個人需要一個正向的目標，它就是欲如意足的根源。誠如心理學家維克多‧弗蘭克（Viktor Frankl）所說：「參透為何，才能迎接任何。」當一個人能看出要做的事是有意義、有價值的，他就會振作起來，願意克服困難，樂於接受挑戰，打起精神完成心中懷抱的目標。

生活和工作也是一樣。一個人對自己現在的遭遇，能從中看出它的意義，訂出要努力的目標，就能維持心靈生活的穩定，並從現實情境中，走出光明的路。《妙法蓮華經》中，佛陀作了譬喻說：覺悟對於有情生命而言，有如雨露之於花草樹木。花草樹木雖彼此不同，但在雨露滋潤下，各自活出美好的生命，開花結果，都在那兒領受到美好。

人生也是一樣，每個人根性因緣不同，生活的環境際遇互異。如果能透過覺悟，看出自己生活的目標，領悟生命的意義，人人都可以從中領受到欲如意足。每個人都必須接納自己，了解自己，從中開展生命的意義。人不可能用自己沒有的素材，創造出獨特的作品。而是用現有的資糧去延伸、創造，完成對社會大眾有益的事。這就是生命的實現，也是心理學所謂的自我實現。

我們的社會，需要每個人奉獻不同的能力，整合起來才會進步繁榮。士農工商各種行業，都一樣重要，都在自己的工作中成就「菩薩行」，所以叫做「分別功德」。有一次，一位鋪柏油路的工人，跟我談起自己社經地位低，在親友面前，顯得抬不起頭來，而有些沮喪憂鬱。他說：

「我家親友常常聚會，他們在事業學歷上都表現亮麗，唯獨我是一個辛苦的工人。每次見到他們，總有一點自卑和不自在。最近，我更感到退卻，覺得自己寒酸，有好幾次我藉故推辭聚會，怯於面對親友。」

仔細聆聽他的傾訴，知道他一直用同一種標準來比較社經地位。每次親友餐敘，都給自己帶來心理創傷。他很想提升自己的社經地位，但又辦不到，這就是他沮喪和憂鬱的原因。我問道：

「你的親友會瞧不起你嗎？」他說：

「沒有。他們都不是那種人，是我自己覺得很窩囊。」

「嗯！那麼問題就出在你對自己的評價或看法。」

「對！對！」於是我為他解釋道：

「就生命歷程而言，他們能做的事，你做不來；相對的，你能做的工作，他們也幹不來。每個人都在自己的工作和生活中，奉獻自己的能力，服務社會。彼此待遇雖不一樣，但奉獻的功德卻平等。在佛菩薩的法界裡，你的辛苦工作，顯得光明燦爛，你的造橋鋪路，更是功德無量。就現實生活中，你享受得少；但在永生慧命上，你卻顯得光彩。」他點了點頭若有所悟。我趁著他心開意解為他進一步解說：

「你羨慕他們開名貴的車子，但是他們若沒有你為他們鋪好平坦的柏油路，在崎嶇的路面上，好車也經不起顛簸的傷害。所以，人生是互利的，你給大眾的功德，跟不同功德領域的人一樣多。」

他聽得懂我的開示，更能了解只要自己盡心努力去奉獻，在宇宙真理的層面上，每個人都能得到圓滿的意義和功德。就在我平和的解釋中，他挺直了腰，深深吸了一口氣說：

「我現在了解，每個人只要誠心生活工作，都具足圓滿的功德，這就是分別功德。體會這樣的人生意義，日子便過得如意足，能看清這個真理，就能隨緣作功德，隨緣領受歡喜。你說是嗎？」我印證他的領會說：

「正如你剛剛所說，佛經中所傳述的就是這樣。在《妙法蓮華經》中，佛陀清楚告訴我們：『如來說法一相一味……唯有如來知此眾生種相體性，念何事，思何事，修何事……眾生住於種種之地，唯有如來，如實見之，明了無礙。』你要在自己的因緣中，成就菩薩道，要在自己的工作崗位上實踐大慈大悲，那才是圓通，才是功能，才是生命的圓滿通達和富足。」

人生需要抱持著生命的終極意義，才能活得歡喜自在，活得如意豐足。當然，在自己生涯和工作中，也必須有目標和理想。生活目標合宜，就會活得起勁、有價值感、有豐足感。要給自己訂定一個合宜目標，應注意欲如意足的妥當性。它包括：

- 從自己的現實環境中，發現和抉擇適合的目標。
- 依自己的性向和本質，作潛能的發揮和實現。
- 訂定合宜的抱負水準，過高或過低，都會帶來困擾。
- 鼓勵自己依既定的生涯目標，努力以赴，在學習和累積經驗中，成就抱負。

在生涯發展上，開啟正確的欲，是如意人生的秘訣，無論你的年齡性別，不分你的職業專長，要想活出喜悅的人生，就需要有智慧的明燈指引。我很讚嘆星雲大師所提出的四個如意指南，它的要領是：

1 菩薩叢林：要共同參與締造愛與慈悲的社會，培養包容和寬恕的胸襟。

2 般若生活：保持清醒的生活，不執著在結所繫法中，更不被情染所困。

3 人間歡喜：認真創造福報，隨時保持悅樂的心，隨緣能創造歡喜，並與人分享。

4 法界融合：生活和生命的意義，要與法界融合，要保持世間和出世間不二，隨時生活在佛的法界中。

人要在自己的生涯中，確立正確的目標，看出它的豐富意義；讓它表現在職場、生活和情感各方面，萌生豐富的意義，孕育出欲如意足。有一個人來晤談時說：

「我覺得生活很苦，人生乏味，所以認真刻苦地念佛，祈求將來往生極樂淨土。」

我說：

「那很好！我們都該念佛行佛，令自己法喜充滿，當下與極樂世界相應。阿彌陀佛看到我們如此法喜充滿的修持，一定為我們歡喜和加持。」他說：

「人間真的很苦，我歡喜不起來，我等著阿彌陀佛能指引我到極樂世界。」我說：「你失去了法喜，每天愁眉苦臉地念佛；將來你真被接引到極樂淨土，你在那兒過得慣嗎？會過得喜樂嗎？」

於是，我為他解釋，努力專心念佛是對的，但也要在當下人間生活中，張開法眼，看出歡喜，活出如意足，那才是正確的修持念佛之道。誠如《六祖壇經》中說：

佛言隨所住處恆安樂，
使君心地但無不善，
西方去此不遙，
若懷不善之心，
念佛往生難到。

我告訴他要念佛行持慈悲喜捨，開展隨緣歡喜的智慧和功德，這樣念佛，才是往生極樂淨土的妙法。我進一步說：「你的心不要被不如意的事完全佔據，要在烏雲遮日時，還能看出半邊天外，仍有陽光普照。那兒的法喜，才是值得你珍惜和讚嘆。」

我們常被不稱心不如意的事困住，以致心中的如來秘密之藏被種種煩惱障蔽，失去清淨和喜悅。所以《大般涅槃經》告訴我們這個寶藏的要領是：解脫之法，如來之身，摩訶般若。「安住如是三法名入涅槃」，其心清淨，而生智慧，從而進入常、樂、我、淨的如來法界。能契會個中法要，即得無量法喜。同時，也看清生命的究竟義和生活的目標。

保持振作

勤奮振作，可使人的心情轉好，繼而能令思考模式變得樂觀，並產生創意，拓展其豐富的人生。勤真的能補拙，令我們的經驗豐富，提升大腦的神經機能，並改善身心的健康。勤奮振作，能增進我們對世界的知覺，也能帶來寬闊的視野、思考和執行力。佛陀所說的「勤如意足」，是生活和工作上，顛撲不破的真理。

你可以做個實驗：早上起來，勤奮地做運動，持之以恆，不需多久，就會覺得精神和體力有所提升。心理學上的研究發現，如果能每天運動一個小時，十週之後，憂鬱和焦慮會明顯地下降。

且不說持續保持勤奮的行動，對自己身心帶來健康和心情愉悅的效果。就在當下，你去整理一下自己的書房，或者資料庫的資料，乃至清掃一下作息空間。當你動起來時，勁兒跟著就出現，興致或精神跟著好起來。你努力工作，或者專注閱讀，著手學習某種新知技能，或去探訪許久不見的老友，也會感受到振作和喜悅，有著歡喜如意的感受。勤為什麼能帶來歡喜如意呢？從許多研究中，歸納出如下原因：

- 使身心動起來，從而活化整體生活機能，綻放出生命力。
- 透過活動的運作，刺激體內化學平衡，振作神經網路的機能，提升身心的效能和健康。
- 在勤奮振作中，解決問題，調適生活和工作，激發了個體的創造潛能。
- 勤奮證實了用進廢退的身心進化原理。

在佛教禪宗史上，有一位百丈懷海禪師。他創立了《百丈禪規》，其中特別重視出坡，勤奮地耕作。他告訴大家力行勤如意足的真理，規定「一日不作，一日不食」。他活到了九十四歲，弟子們看他年邁體衰，就勸他不要工作，甚至把鋤頭工具等藏起來。他找不到工具，沒能去耕作，果不其然，他真的不進餐。弟子們拗不過他，只好把鋤頭放回原位，百丈禪師又高興地去工作。

勤能振作身心，創造事功，奉獻心力給社會大眾。美國哈佛大學曾追蹤做家事的青少年，在他們出社會後的表現是：獲得高薪的可能性高四倍，失業可能性小十五倍，身心也比較健康。此外，勤於助人的人快樂，勤於修持的人智慧高，勤於求知和踏實工作的人容易成功。所以佛說「勤如意足」。無論修持、生活和工作，都要從勤上下功夫。

勤必須出自主動的發心，如果它來自被動的驅使，那會造成心理壓力，繼而帶來抱怨，陽奉陰違，虛與委蛇，不但失去成功和心智成長的機會，還會帶來抑鬱不樂的心情。所以佛教重視怡然振作。唐朝的臨濟義玄禪師，在黃檗門下修持，依禪規出坡工作。有一天，他到田裡耕種，正在掘地時看到師父黃檗走過來，他便站了起來，拿鋤頭當拐杖，靠著它跟師父打招呼。黃檗想考驗臨濟的主動性有沒有培養出來，便說：

「這個傢伙大概累了！」

臨濟禪師卻很自在地回道：

「我連動手鋤一下都沒有，怎麼會累呢？」

黃檗知道，這個勤奮在田裡工作的禪僧，已經步入主動性的精神層次，沒有那被動的委屈之苦，沒有不得不作的勉強。他的心靈已經入於勤如意足的境地了。主動的勤奮，雖辛苦而不受其苦，故能轉苦為樂。他們的勤奮工作和修持，出於自然。所以臨濟說：

無事是貴人，
但莫造作，
祇是平常。

勤如意足的主動性一被啟發出來，不但在生活上表現得振作，有能力創造美好的人生，並能奉獻自己所懷抱的菩薩心願。更重要的是，勤如意足也同時顯現了見性。所以禪家說：

在舉起之前，
放下之後，
去表示自性。

這樣一個人，必然已契會開悟的門道。對生活和工作中的林林總總，既能實現又能超越和覺悟。這正是雲門文偃禪師對生活所指陳的真諦。他說：

真空不壞有，
真空不異色。

並引用《妙法蓮華經》中所說：

一切治生產業，
皆與實相不相違背

人生若能在勤如意足中度過，真是福慧雙全。

我們若能以勤如意足來生活和工作，就不會被工作綁架，成為它的奴隸。這時，我們不只在世間過著成功有福報的人生。同時，也從中展露了主動性，契會如來自性，得大自在的情懷。

涵養如意的心

人要想活得如意歡喜，就得維護自心。心理保持清淨，不起執著情染，就不會起煩惱和障礙。待人接物自然得當中肯，就能產生心靈生活的豐足自在。這就是佛所說的「心如意足」。

心如意足包括健康的人格、正向的情緒習慣、樂觀的思考模式，乃至良好的宗教信仰和心靈生活。心如意足的核心因素是充足的心能，它可以表現出一個人的健全自我功能。

什麼是自我功能呢？簡單來說包括：

- 解決問題的能力。
- 好的情緒習慣。
- 毅力。

人要想活得如意，就要面對生存問題的考驗，必須學習解決問題的能力。解決問題有兩個步驟，一是願意面對問題，一是想出解決問題的方法。在心理晤談經驗中我發現，不肯面對問題而直接逃避的人，往往會帶來更多的困難。困難累積越多，就會望而興嘆，產生無助和憂鬱，攤在那兒變成憂鬱症的病人。

佛陀指出苦是聖諦，要我們把苦的真相看清楚，想出解決問題的方法，那才是正道。如果你不願意去面對苦，心智不但無從開展，反過來卻磨壞了心智，那就會成「壞苦」，壞苦加上累積的困難越來越多，就造成「苦苦」。苦苦的意思是苦中滋生更多的苦，最後會把一個人摧毀，淪落到病態和死亡。

最近我察覺這種怕苦而逃避現實的年輕人，有明顯增加的趨勢。這些人大多有國內外大學畢業的學歷。只是待在家裡不肯去工作。他們大多換過幾次工作，最後乾脆賴在家裡當個靠爸族或靠媽族。這些人來跟我晤談時，不只神情沮喪，失去信心，更值得注意的是他們對於這個社會，已經變得生疏，似乎只能活在虛擬的網路世界。有一名三十出頭的成年人對我說：

「我斷斷續續地工作過幾年，總覺得處處不如意。有的工作壓力太大，幹起來很辛苦，我不想這麼累；有的工作主管太囉嗦，煩死人了，就遞辭呈走人。我最後一個工作是在國外，發覺同事很難相處，甚至是奸詐的，所以，我回家休息一陣子。」

他是一個學財務管理的人，就過幾次業，包括行政管理、財務管理和市場行銷等職務，但都半年左右就辭去不幹。在晤談中，我了解到：他的核心觀念不是在解決問題，而是想循著一定程序去應付現實而已。他沒有意識到，「工作就是要解決問題」，也沒有想到「我要負起責任，學習解決問題的能力」。我問他：

「你有沒有打算再出去找工作闖一闖？」

「我覺得處處不如意，沒有那種興致出去跟他們混了。」

「你不覺得天天待在家裡，心裡很空虛嗎？」

「我也只好過著這種日子。我父母親陪我去看了醫生，我有憂鬱症，目前還在服藥休養中。」

他似乎把憂鬱症當成一種藉口，不能正向思考和面對人生。長期下來，他不只罹患了憂鬱症，更嚴重的是把它當藉口，退縮在家裡。他的自我功能越來越薄弱，使他更陷入無助的泥淖。於是，我開始跟他晤談療癒之道，尋找振作揮別沮喪之路。經過幾次晤談和鼓勵支持，他打起精神每天去運動，至少一個小時，可以分兩次或三次完成。運動使他的焦慮下降，交感神經漸漸恢復正常水準。經過十週以後，沮喪憂鬱的狀況漸漸好轉。

醫師看到他的進步，用藥上又作了調整，他也開始參加登山活動，我鼓勵他持續參加，學習野外露營和求生的種種技能。他的自我功能漸漸恢復。有一次，他告訴我：「人生真像是登山野外求生，必須步步為營，克服種種困難。我因為登山帶給我啟發，而有勇氣回到現實。我似乎不再那麼害怕困難，有了信心和成長的勇氣。」

他找到一份工作，勉勵自己要承受困難挑戰，他想著「人生像極了登山」，從而努力接受現實，走向步步踏實的人生路。每逢過年，我總會收到像這位先生一樣的感謝賀年卡，告訴我他們已然振作起來，在生活中感受到如意歡喜。

自我功能的第一個因素是：有勇氣面對現實、負起責任，並學習解決問題的能力。有了這個性格特質，就不會找藉口推委，而是面對真實。從而培養實力，走出光明，找到如意的契機。

好的情緒習慣，是自我功能的第二因素。當然，情緒穩定的人，待人接物能沉著審慎，能結好人緣，有健全的思考神經網路。情緒習慣較好的人，凡事不會暴衝，思考冷靜，做起事來穩紮穩打，如意的事，往往降落在情緒智慧（EQ）高的人身上。

最常見的負面情緒習慣是憂鬱、焦慮和敵意。憂鬱的背後是沮喪和無助，從而引發傷心的情緒。憂鬱不但抑制身體的活力，還會增加二至四倍的心臟病風險；身體一旦有了疾病，也容易產生併發症的風險。

其次是焦慮的情緒，它影響生活品質很大。焦慮者容易擔心、憤怒、神經緊張，這種情緒失常，不但破壞生活品質，同時也會提高心臟病風險。他們比起低焦慮者，得心臟病的風險高二至七倍。

另一種壞的情緒習慣是敵意。它是對別人抱著對立和敵意的態度，這是一種持續的習慣，不但令自己陷於不快樂，有時還會出現暴力的行動。這些人懷著憤世嫉俗的態度，心臟病的風險也增加到一般人的兩倍。

長期養成負面情緒習慣的人，經常處於不如意的狀況。尤其是面臨不合己意的事件或者處於具有威脅的情境，就會讓他陷入憂鬱、焦慮不安或憤怒衝動。他們的生活，幾乎天天不如意。我們生活在無常變化的環境裡，如果情緒習慣是負面，那麼他的想法和回應也往往是負面。它不但影響自己的處境和回應力，更影響身體的健康和後續發展。

於是心理學家諾曼・安德森（Norman Anderson）提出了幾個經營情緒健康的線索（參見《你想活多久》，遠流出版），可以歸納為開展如意足的要領：

- 透過樂觀思考模式，與情緒連結，看出事情的光明面。
- 透過傾訴，特別是找專家諮商，讓情緒調伏，進而看清事情的真實面，作正確的回應。
- 尋求社會支持，得到朋友的感情支持、經濟支持和意見支持，讓自己穩定起來，面對挑戰。
- 對眼前的困難和挫折，從中看出它的意義，尤其是透過宗教信仰的啟發，看出更高層次的意義，從而接納現實，泯除心中的矛盾和衝突。
- 注意身體健康與情緒的關聯。人的負面情緒和壓力會影響健康。相同地，不好的生活習慣也會傷害健康，進而影響情緒。

身心靈的互動品質，決定一個人的情緒生活，個人生活是否如意，在於懂得調整三者之間的關係。在此我要特別強調正向佛教信仰的重要性。信仰佛教，如果從負面的想法切入，常常想著冤親債主，想著生活中的罪惡感，這樣的心境很容易墮入負面情緒。倘若信仰建立在正向的布施、愛語、利行、同事，努力去行持慈悲喜捨的事，能做多少就做多少，全力以赴，不執著於得失心理，而是隨緣都能歡喜去實踐四無量心，那就能實踐好的生活和工作紀律（戒），培養安定的心境和情緒（定），從而發展創意思考和生活智慧（慧）。再把這樣的行持總攝起來，去念佛行佛，那麼身心靈的調和自然良好，在信仰上，也就能與如來法界相應，受諸佛菩薩加持，自然生活在如意足之中。

有不少人的宗教信仰，著眼於負面的思考，他的心中想的都是自責、內疚、犯了戒條，而不是今天我又隨緣做了一些善舉，多領一點經論智慧，有了更虔誠的信念和信心。他們在生活中，也都聚焦在別人輕視或委屈了自己，乃至忌恨他人的不是。到頭來，他的腦子都在處理負面的資訊，這是陷入負面情緒痛苦的共同現象。

認知心理學家警告我們：「你怎麼想，就怎麼去行動，緊接著就是怎麼去感受。」負面思考直接產生負面情緒。如果你想生活得如意，就必須學習正向思考。在佛法上稱為八正道。佛陀幾乎在每一部經裡，都會指陳這個智慧。透過這個智慧，使自己成為覺悟者，開展了無量壽的菩提自性。《華嚴經》上說：

佛身充滿於法界，
普現一切群生前；
隨緣赴感靡不周，

而常處此菩提座。

很明顯地，以開啟般若智慧為旨趣的《大般若經》也簡要地直陳這個正向思考的行持。也只有如此，才能實踐經中所說：

色無邊，
故般若亦無邊。

行持佛法，不是不去檢討錯誤，更不是知錯不改。佛陀要我們「懺其前罪，悔其後過」。在生活中，難免也有犯錯的時候，但要以正向的心態：改正它，放下它。重新著眼於正向光明之道，讓般若放光，讓菩提自性重現。然而，一般人很容易被負面思考和情緒所困，以致失去光明和如意。唐朝的雲門文偃禪師有感於此故說：

人人盡有光明在，
看時不見暗昏昏。

我們若能了解，起了正向的心，在世間一切生活作務，都變得有創意，心情也跟著起如意足。這正是唐朝百丈禪師被問道：

「你以前哭，現在為什麼笑呢？」

「我就是以前哭，現在笑啊！」

他的老師馬祖道一禪師知道這件事，便說：

「你已完全了解它了。」

在禪的修持上，為了保持清淨的悟性，能在無常變化和是非紛擾的生活裡，保持清明慧性，常提醒修持者說：

世間是佛與魔共存的，
最後切記，
要入於佛，
而非歸於魔。

入於佛則心得如意，歸於魔則在負面思考中，陷入更多情染和執著，起無量障礙和煩惱。

要觀想得對

在「四如意足」中，第四個向度就是觀如意足。觀的意思就是「繫念思察」，亦即透過對如來法界的繫念，並以智慧觀察生活情境，讓自己想得對，做得正確。人若能時時保持如是心智，自然觀念正確，回應生活一切挑戰，自然通達順利，故稱為如意足。

每個人都有自己的人生觀，如果人生觀正確，就過得幸福如意。人生觀當然會涉及對生命意義的看法。佛陀是一位偉大的覺者，祂透過祂的覺悟，告訴我們現象世界和一切有情眾生的真相。在祂諸多經典中，告訴我們：現象世界中，你所見到的山河大地或無際的星空，乃至一切有情眾生，都是般若變現的，我們每個人的生活和生命現象，也是般若所變現的。然而，每個生命卻執著在自己生活所產生的識裡，以致流連於生命世界，有覺悟而回如來法界者鮮少。

就每個人而言，識決定了生命和屬性。誠如醫學博士狄巴克・喬布拉所說：「在這世界上有一樣東西，完全屬於你自己，那就是你對世界的解釋。」你用消極、仇恨、退卻等負面的看法去解釋，身心就陷入那些觀念之中。於是這些解釋成為干擾或決定身心的變數。所以負面的想法和觀念，對身心健康傷害很大。

就整個宇宙和人生而言，個體就像來此一遊一樣，活在生住異滅之中，如果你能看清生命結束時的光明歸宿，那就能在有限的生命中，找到無量壽的般若自性，在慈悲喜捨的生活實現中，同時成就世間的福德莊嚴，以及出世間的智慧莊嚴，從中契會如來法界。生命之旅的歡喜，以及回歸無量壽永恆存在的如來法界，同時得到圓滿。進而契悟當下的生命與生活，亦是如來法界的一部分。

從佛法來看宇宙人生，山河大地和生命都是如來法界的產物。它的「能」來自般若智慧，但生命一旦形成，便在生存中產生種種的「識」，這就是佛法所說的「所」。由於執著在「識」裡，有了「所」的枷鎖，才產生種種情染和執著，化作種種煩惱和障礙，活在循環不息的輪迴之中。所以《大佛頂首楞嚴經》中說，「性覺必明，妄為明覺」，意思就是：在佛性中產生種種生命和物質的現象，源於如來法界來去自如，沒有煩惱困擾。一旦起了情染執著，衍生了「識」而不斷起心動念，於貪、瞋、癡、慢、疑的造作中，陷入苦海，煩惱痛苦隨之而來。這些妄境痛苦，是由於本明上起了知覺，起了分別心，而生種種煩惱痛苦，故曰「妄為明覺」。

在我們的生命歷程中，若能保持原來的佛性，令自心中的般若放光，那就能覺照萬有，既能在生命歷程中，活出「覺有情」的菩薩生涯，創造豐足自在的人生，又能見自本性，參契入於如來法界。這就是天台家的「三觀」：

- 知本體之空性得一切智。
- 知現象之假曰道種智。
- 知現象即中道實相之理謂一切種智。

三觀指出本體世界即是空性，那兒蘊涵一切，有無限潛能。人若能體會空性的如來法界，就領悟生命的歸宿。人要想認清這永生的慧命，必須先了解人生有如一趟旅行，要作趟好的旅行，而非苦旅。有如一齣戲，要演出好戲，而非歹戲。有如一場夢，但要作個美夢而非惡夢。從空與假觀中，悟出中觀，那就是永恆的慧命。那就是龍樹菩薩所說「中觀」中的「八不精義」：

不生不滅，
不一不異，
不來不去，
不常不斷。

領悟到這裡，我們生活於當下之美，又不執著於生滅、一異、來去、常斷的執著，那就是中道第一義觀。同時成就實現了過去、現在、未來之圓滿，得大自在。那就是澄觀大師在《華嚴經疏》中所說：

如來者，
如所從來，
無所從來。

人活在現在的真實之中，去創造真善美，得無量法喜，同時領悟無所從來的如來法界。它就是「不可思議」，無法用五蘊色身的知覺來表達的蓮華藏世界。

人能看出現在和未來的希望和光明，那是最如意不過的事，這時生老病死拘束不了他，成敗得失貴賤困不住他。他活得自在，活得充實和如意，在世間法上，無障礙地做弘法利生的事，為世人造福，亦為生民立命。在出世間法上，他時時活在如來法界的淨土，自在安適。

這樣的佛教人生觀，正是觀如意足的精要。佛陀的生命覺悟之道「觀如意足」，正是執著和情染深重的現代人，所要好好深思力行和覺悟之處。

四如意足，是幸福人生的妙方，如果我們能踏著這四個如意的腳步前進，好好在生活的實境中前行，就會發現，無論路途怎麼艱鉅崎嶇，山路何等陡峭，都能在步步踏實中，看到青山綠水之美，更覺得峻峭山路的雄偉。用如意足的腳步，往前行，你會活出「日日是好日，夜夜是春宵」的禪心妙性。

透過直心、淨心和深心的觀想，我們能與極樂世界相應，觀世間如美好的淨土，同時與極樂世界阿彌陀佛的法性智慧相應。這在《觀無量壽經》中，有了巧妙的指引。能契會到這裡，當下心生如意和禪定，也是展現自心中如來法性的時候，所以禪家稱它叫見性。在《六祖壇經》中很明白地指出自性所生的如意，同時也指出自性就是自己的無量壽。經中指出「萬法不離自性」，並說：

何期自性本自清淨，
何期自性本不生滅，
何期自性本自具足，
何期自性本無動搖，
何期自性能生萬法。

透過觀如意足的修持，必能體驗黃檗大師所說：

如今學道，不悟此心體，
便于心上生心，向外求佛，
著相修行，皆是惡法。

若能從自性中觀悟，則能在繁雜煩惱的現實生活中，體會到唐朝洞山禪師所說：

枯木花開劫外春，

倒騎玉象趁麒麟，
而今高隱千峰外，
月皎風清好日晨。

現代人生活壓力殊大，政治、經濟乃至社會變動紛繁，若能以四如意足來觀看生命的現象與究竟，就能展現生活的創意和美好，就能枯木花開，能以文殊菩薩的智慧，以及普賢菩薩的覺行，活得喜樂，活得充實，在煩惱的生活現實中，保持著高隱千峰外，領受月皎風清好日晨的如意足心境。從而在現實生活中，實現福德莊嚴，為世間貢獻所能，從中行菩薩道，成就《妙法蓮華經》中所說的「化城」。另一方面，又能從觀如來法界，覺悟慧命之無量壽的修持中，入不思議如來法界。

當一個人能實現豐足、有意義的菩薩人生，又能看出生命的真正歸宿時，心中必然如意自在，活得豐足美好，他會活在自我實現之中，既能成就事業服務人群，又能怡養如意的性靈。在無常變化的紛繁生活和工作中，仍然有著「春有百花秋有月，夏有涼風冬有雪」的怡然心境。

伍

涵養精神能量

五根五力是幸福的泉源

人的生活品質、工作效能，乃至待人接物的德性表現，都與精神能量有關。精神能量豐足，情緒就會穩定，覺察力好，思考清醒，創造力提升，智慧很自然地開啟出來。在生活與工作中，表現出信心，流露著自在。他們精進、主動、有目標，過著心理學上所謂「自我實現」的生活。這也正是佛陀所說，實現菩薩的人生。

菩薩是指「覺有情」的人。他超越了自我中心，解脫了自私，進而能愛護別人。他們對生命的究竟義有了覺悟，同時也懂得人生就像一趟旅行，好好實現菩薩之旅，過得歡喜，與有情眾生相互扶持，用豐足的精神能量，實現其圓滿的人生，同時清醒地明白法融大師在《信心銘》中所說：

境由能境，
能由境能；
欲知兩段，
元是一空。

這段精采的偈子裡，明白地指陳：世間法的人生和出世間法的智慧，最後還是不離開空性的如來法界。所以，我們要培養精神能量。它是人生幸福的資糧，是行菩薩道的能源，也是與如來法界相應的資糧。

反之，如果一個人的精神能量枯竭，這是由於他的情染執著，產生大量的煩惱法，把精神能量耗竭，又不肯修持以涵養精神能量。這一來就會陷入無明之中，不但在人生的旅途中迷失，陷入困境和痛苦。他的情緒焦灼不安，或者憂鬱沮喪，或者憤世嫉俗，產生敵意和暴力。這些人不但日子過得困頓，健康也受損。即使用了種種操縱伎倆，巧取豪奪，終究其慧命陷於昏暗。所以《信心銘》中說：

小見狐疑，
轉急轉遲；
執之失度，
必入邪路。

人一旦陷入自私、執著和情染的「小見」，就會迷失正路，而消耗精神能量。繼而產生焦慮、憂鬱、敵意、暴力等習氣。從而陷入不幸的人生，也中斷了與如來法界相應感的線路，以致心中的慧性與般若不能開展出來。

精神能量枯竭的主要原因之一是**違順相爭**。在名財利養上，不擇手段的互相攻詰和奪取，以致信心和自我意志受挫，精神能量流失。在違順相爭之中，即使贏家得到興奮和自大的稱心滿意，然而他所獲取的卻是激化的精神能量。這好像上萬伏特的高壓電，不能直接供家電使用一樣。因此，在事業發展中，即使得到成功，更要謙遜，虛懷若谷，以涵養精神能量；否則會沖昏了頭，帶來災難或種下失敗的種子。所以經上又說：

欲得現前，
莫存順逆；
違順相爭，
是為心病。

人與人相處應當和藹，互相尊重，要懂得做到星雲大師所說：「給人信心，給人歡喜，給人希望，給人方便。」彼此之間能互相尊重，互相幫忙，那麼家庭自然溫馨和諧，社會也就安寧進步，人間的和樂自然呈現，它的根本動力就是精神能量。

耗損精神能量的第二個原因是**追逐有緣**。現代文明是建立在追求成長和競爭的文化上，因此，每個人都在全力打拚。事實上不打拚也不行，因為我們可能失去優勢，失去市場，失去生存的條件。這會在現實生活中造成窘困。於是，競爭和壓力使很多人精神能量過度消耗，而變得身心俱疲。當然，也有一些人，在能量耗竭之後，退縮在家裡，變成了啃老族，成了心灰意懶的宅男宅女。所以《信心銘》中說：

莫逐有緣，
勿住空忍；
一種平懷，
泯然自盡。

這是說，正確的生活態度，不是「追逐」或「自我放棄」，而是用一種「平常心」的態度，無障無礙地盡心去做、去生活，那才能讓精神能量充沛起來。

精神能量是幸福生活的根本，更是生命力的泉源。有了它我們可以活得自在歡喜，有了幸福自在的人生，才能開悟生命的意義，契會如來法界，找到世出世間法不二的偉大信仰。佛陀為了讓我們能踏上這條幸福和智慧之路，指引我們五個根本的法門，那就是五根五力。

信仰和信心

人要活得有信仰有信心，信仰讓我們活得有意義。在生住異滅的生命過程中，把握正確的方向，找到人生的終極意義，從而活得自在，活得安穩。正信的信仰，也讓我們在無常變化的環境裡，找到方向，發揮智慧，活得幸福自在。誠如《華嚴經》中所說：

> 信為道元功德母，
> 長養一切諸善法，
> 斷除疑網出愛流，
> 開示涅槃無上道。

這是說正信的信仰，是美好幸福人生的坦途。透過信仰，我們能培養善行，開啟智慧，領悟生命的終極意義。依持正等正覺的信仰，我們就能斷除愚迷，從種種情染和執著中解脫出來，開啟智慧，得到幸福的人生，找到生命終究光明的歸宿，進入無量壽的如來法界，找回永生的菩提慧命。由於正信的信仰，心生安定，從而生大智慧，悟大自在的光明法界。因此，龍樹菩薩在《大智度論》中闡明正信的大用說：

善慧心一處，
住不動名三昧。

透過正信，我們才能發揮定慧等持。以禪定攝心，從種種煩惱、無明、障礙中解脫出來。展現《大般涅槃經》中所說的如來秘密之藏。活得清淨通達，實現幸福光明的人生，了達弘一大師在《三寶歌》中所說：

今乃知，唯此是，
真正皈依處；

盡形壽，獻生命，

信受勤奉行。

當一個人有了正信的信仰，在無常變化的人生路上，就有個方向和目標。透過信仰的智慧，能令人事理圓融，隨順因緣開展「覺有情」的人生。在碰到負面的事件，有了挫敗和危急病痛之時，正信的信仰較容易同化這些事件，發展出正向的態度，從而轉厄為福，轉危為安。

更重要的是，透過宗教的覺悟和信仰，能帶來良好的宗教調適，危難和挫折不容易威脅或顛覆一個人的信念和意義，不致造成無助、沮喪或失望。近年來，透過科學的研究，發現宗教參與率較高的人，對人生有如下的正向效能：

- 能以宗教調適處理情緒和壓力，比較不容易產生憂鬱或沮喪現象。
- 對於器官移植適應力較好，虔誠的信仰也能增進免疫力。
- 能降低血壓，並維持情緒的穩定。
- 對健康有穩定的正向助益，花較少時間就醫。

●能給當事人帶來生命的意義。

佛教的信仰建立在慈悲喜捨的行持，從而與如來法界相應。從信仰和修持中，深信行者必能受諸佛菩薩護念。透過三十七道品的修持，念佛禪定的深心與定慧等持，他們必然悟入淨土佛國，透過化導濟拔一切眾生，契會《首楞嚴經》所說：

一者上合十方諸佛本妙覺心，
與佛如來同一慈力。
二者下合十方一切六道眾生，
與諸眾生同一悲仰。

在信仰的行持中，上弘下化，找到人生的意義，也證得如來法性，參契如來法界，心領神會證得無量壽慧命。這個生命的終極意義，令我們安心自在，心曠神怡。

在佛教的信仰中，指出「真空妙有」，佛陀告訴我們：人生如旅，但要努力實現慈悲喜捨的旅程；人生如夢，但要作個大乘菩薩的美夢，不要作貪嗔癡慢疑的惡夢。旅程結束，要空心回如來法界；夢醒之時，要回歸淨土佛國，所以要體悟「萬古長空，一朝風月」的銘訓。這正如南宋善能禪師所說：

不可以一朝風月，
昧卻萬古長空。
不可以萬古長空，
不明一朝風月。

這告訴我們：不但要對生命的究竟義有所了悟，也不能忽視一朝風月的生命歷程，而且要努力活得開心美好。然而，短短的生命歲月，大多是崎嶇險阻的行路，有艱苦的一面，也有令人欣然怡悅的崇山峻嶺，以及花木林泉之美。於是，得道的修行者，在艱辛的路途中，懂得欣賞：

春至百花開，
黃鶯啼柳上。

懂得寒山子所說：

歲去換愁年，春來物色鮮，
山花笑淥水，巖岫舞青煙。
蜂蝶自云樂，禽魚更可憐，
朋遊情未已，徹曉不能眠。

我們最怕的就是貪執和情染，活在現象世界裡，盲目地追尋名財利養，陷入痛苦而不能自拔。這就有如陳道婆這位行者所說：

高坡平頂上，
盡是採樵翁；
人人盡懷刀斧意，
不見山花映水紅。

這一來，人的生活枯燥乏味，精神能量低落，人生真的陷入痛苦之中。

如果心中有了正信的佛法，就能實現善能禪師的智慧之語。在有限的生命中，看到它的美好；又在如旅如夢中，參悟永生的慧命。然而，這個眾苦煎迫的生命歷程中，又怎麼看出它的美好，參悟出回歸如來法界的路呢？善能禪師接著說：

人皆畏炎熱，
我愛夏日長，
薰風自南來，
殿閣生微涼。

這就是說，我們要用慈悲喜捨，去開展創造人生；同時要放下情染執著，以清淨的慧眼，去欣賞生命之美。卻也同時知道自己的真正皈依處。

有一次，一位佛弟子來晤談，她正遭喪子之痛。她說：「我無法忍受有如利刃割心的喪子之痛，甚至起了瞋恨之心，對於命運之主的無情，忍不住怨恨辱罵。」然而，在接受佛法的陶冶之後，起了正信的信仰，負面情緒開始冰消，正念漸漸地升起。後來她告訴我說：「現在我懂得覺照人生，欣賞過往的美好生活和恩典。對我而言，現在也是一個機會，我要接納、欣賞和感謝當下生命的點滴。」

這個透過信仰產生正向態度與智慧的事例，也深深感動了我。

正信的信仰，能給遭遇不幸或災難的人帶來正向的態度，去思維現實，接納當下的情境，從而淨化心中的憤懣和積怨，正眼看出新的人生路。我在作心理晤談時，經常運用當事人的信仰來打開他的慧眼。這誠如禪家所說：

色無邊，
般若亦無邊。

正信的信仰帶來健全的認知基模，讓我們有智慧去面對無常變化。信仰是人生的根基，打好人生之旅的根基，就能行萬里路，成就無量功德。信仰當然也是心智和靈性的力量，透過信仰我們有了源源不絕的生命力。

更重要的是信仰給了我們生命的意義，有願力去實踐慈悲喜捨的功德，並領悟到永生的慧命，找到生命的真正歸宿。這一來，我們的心就安定下來，在隨緣中成長，領受歡喜幸福，在任運中活得豐足自在，因為知道那美好的歸宿。

佛教的信仰建立在清醒和覺悟上，透過行佛和修持，開啟智慧，活出幸福、慈愛、歡喜和放捨。因此真正的行佛是信心堅固，但不起執著情染；既在世間活得好，又能契會空性和如來法界。這才是「信心不二，不二信心」。唐朝時溈山靈祐禪師考問他的大弟子仰山慧寂說：

「那個是什麼？快說，不要走入陰界。」

意思是說，要開悟見性，不要起執著和情染呀。正信的信仰不可陷入知解和文字概念裡，躊躇不前，沒有開啟菩提自性，開展般若自性呀！這時，仰山很自然地回答：

「我連信都不要哪！還有什麼執取的呢？」溈山又問：

「你是信了之後不要不執，還是你根本沒有信仰呢？」仰山回答道：

「現在我除了佛性之外，還要信個什麼呢？」溈山說：

「這麼說來，你也只是個講究禪定的小乘人罷了！」仰山說：

「我連見佛的想法都沒有。」溈山高興地說：

「以後沒有人能奈何你了。」

在行佛修持中，建立起正信的信仰。超越佛所說的一切，從而開啟了自性，頂天立地生活，化導濟拔眾生，做一個有用的人。佛陀所留下來的經典，是修行的指引，這些工具是拿來開啟自性般若。讓我們能依當下因緣去行善法，它的根本和動力是清醒的覺性，有了它，我們才能實現大乘菩薩道的人生。

由信仰而行佛，是透過解脫與成長而找到自性，開展光明的自性慧力，就是正信。它是根本，也是克服種種人生苦難，開創幸福，找到究竟皈依處的生命力。這樣的信仰，以及對如來產生的信心，就是信根和信力，這是我們精神能量的根源。

精進的態度

精進也是生命的根本和力量。精進的人樂觀積極，凡事從正向的思惟著眼，既上進又有活力。這些人身心健康，願意接受生活和工作的挑戰。人生的成就多，對社會的奉獻豐富。所以說，精進是精神能量的來源。

精進的人勤奮振作，能展現生命的活力。對於心靈的修持，乃至對社會的關懷和愛心，亦表現出較好的主動性。他們樂於奉行「四正勤」，願意充實自己，提升自我功能，發展生命的智慧。在《成唯識論》中說：

練心於法名之為精，
精心務達目之為進。

這是說用心於事物，觀察其理則，從而產生正確的看法和執行能力，便叫做精進。

於是，精進有三個範疇：

披甲精進：披著大悲大智的冑甲，去行大乘菩薩道，不會因障礙而退卻，不會因挫敗而灰心。用愛心生活助人，總能用同理心珍惜萬物。

攝善精進：勤修善法而不倦。他們從正信的信仰開始，懂得慚愧自我檢討，保持不起貪瞋癡的淨心，從而開展適當的精進，去行仁愛的生活襟懷。

利樂精進：保持利樂有情，創造共同的幸福；保持生活的隨緣歡喜，也能隨緣行持契會無量壽如來法界。

透過精進的努力，不但能產生如意足的襟懷，又能從中體悟「般若波羅蜜」，從煩惱有障礙的此岸，跨越到法喜充滿的彼岸；從當下的存在，踏上永恆的如來法界。從

《華嚴經》中，我們看到文殊菩薩指導善財童子，以精進心去參訪五十三位善知識。這些善知識，幾乎包含了社會上各行各業的賢達。學習的對象包括菩薩、比丘、比丘尼、長者、資產家、仙人、童男、童女、工技、服務人員，乃至家庭主婦等等。

每一個行業都有值得我們學習的菩薩，都有修持的典範，都有奉獻善心精進不懈的行者。我們要張開法眼，不分行業或身分的高下，要開慧眼去觀察，精進地從他們的良好表現中汲取優點，領悟個中的長處，努力向他們學習。我們若有慧眼，就能見到眼前的人事物，都能啟發自心，產生創意，開啟生命力，從而孕育豐富的精神能量。

我們必須面對現實，以精進心去創造人生，去行菩薩道。於是，我們要活用佛法，行持佛法。在現實環境中學習、成長和行動，讓經驗與智慧俱增，產生解決問題的能力，做利益眾生之事。這麼說來，面對現實的精進努力，便是成功人生的關鍵。唐朝雲門文偃大師，有一次被弟子問道：

「請師父開示如何行道？」雲門答說：

「當下即是，眼前沒有別的路。」

這真是石破天驚的真理。顯然雲門大師，就在指陳「練心於法」和「精心務達」的妙方。他似乎很注重面對真實，很精心於《妙法蓮華經》中所說的隨喜功德。有弟子問道：

「什麼是道？」他答說：

「去。」又有人問：

「什麼是雲門一路？」他答：

「親。」

這意思是說，人生之道就是隨緣面對真實「去」走。什麼是雲門大師教人的智慧之路，他回答說：親切真實地面對自己的根性因緣，精進地開展它，就能實現美好的人生。

人的精神能量，就在親切地面對現實，精進的自我實現中，越來越豐足充沛。慈悲喜捨四無量心，也跟著開花結果。曾經有一個年輕人跟我晤談。他說父親事業破產，母親在錯愕驚慌中猝死，自己在大學三年級休學。當時，他很徬徨，不知如何是好。在晤談中他冷靜了下來，因為還有叔父願意支助他完成學業。他看清了眼前的情境；回顧過去家庭榮景的溫馨，不免傷感落淚。但定睛目前的現實，卻還有寬闊的路可以走。所以我跟他說：

「眼前這一切，必是你拓展光明美好人生的資糧。」他說：

「我一無所有。」接著又是淚如雨下。

我指出他擁有的資糧很多。除了叔叔的支援之外，還可以工讀，可以隨緣工作中擴充視野，培養自己的社會經驗，並從中學習系統思考和執行能力。我告訴他「只要肯努力，困難的背後，蘊藏著豐富的精神能量」。十年之後的新年，他寫了一封信感謝我。他說：

「感恩你給我的幾次晤談，由於你的開示指引，我養成了在現實情境中，採取正向的思考和精進的行動。如今，我有了些成就，擁有相當規模的事業。……特地寫這封信表達感恩和謝意。」

在信裡頭還告訴我，他還常常在網路上聽我的演講，特別是佛法的智慧，給了他源源不絕的心力和精神能量，而且還與朋友分享。

在多年的研究觀察和實務經驗中，我確知每個人的心靈世界，都包含了三個部分。其一是**清淨法身**，只要不被煩惱、情染的無明所困，它就能綻放著般若智慧；其二是**圓滿報身**，只要我們肯精進努力去行佛，就能產生圓滿的果報；其三是**千百億化身**，它是活潑應化的能源，智慧運用的妙機。只要好好把握這三個要素，自然會有精進的根基和力量，從而綻放出取之不盡用之不竭的精神能量。

念力與知識

念力即是正確觀念所產生的力量。佛陀在傳道說法中指出：當一個人有了正確的觀念，而且念茲在茲，精進地實踐它，完成它。這個念力，不但與意志力契合，更是實踐生命究竟義和第一義諦的根本。

《唯識論》中說：「念者令心明記不忘。」當一個人能行持佛所說法，念念不忘，就能成就佛果。念力強就能見十方諸佛，能見西方極樂世界阿彌陀佛。即使在種種紛繁之中，只要正念堅定，就不會迷失。因此《佛遺教經》中說：

若念力堅強，
雖入五欲賊中，
不為所害。

我們一心一意行佛念佛，時而稱名念佛，時而觀想念佛，時而實相念佛。身口意盡在佛的本懷裡，自然達到《首楞嚴經》所說：

我本因地，
以念佛心，
入無生忍。

佛陀在《觀無量壽經》中說：

欲觀彼佛，當起想念。

又說：

心想佛時，是心即是三十二相，八十隨形好。
是心作佛，是心是佛。

又說：

諸佛正遍知海，從心想生，
是故應當一心繫念，諦觀彼佛。

人生的究竟第一義諦，就是在世間歡喜地行覺有情的菩薩人生，實現慈悲喜捨的佛心，終究要回如來法界，而不是在六趣中流連忘返。因此，人生如戲，一定要演一齣好戲；人生如旅，要發願有趟豐足自在的人生之旅，但要懂得正念歸宿，回到如來法界。這個根本的關鍵就是念根和念力。時時保持清醒正念，以實現美好的人間之旅，亦了了分明，不昧於愚迷障礙，以是之故《六祖壇經》上說：

弟子等從前念、今念、後念，念念不被愚迷染；
從前所有惡業愚迷等罪，悉皆懺悔；
願一時消滅，永不復起。
弟子等從前念、今念、後念，念念不被憍誑染。
所作從前惡業憍誑等罪，悉皆懺悔；
願一時消滅，永不復起。

弟子等從前念、今念、後念，念念不被嫉妒染；

所有惡業嫉妒等罪，悉皆懺悔；

願一時消滅，永不復起。

當一個人念念都能從經驗中懺其前罪，悔其後過，便能精進提升自己，展現智慧，實現世間的福德莊嚴，同時禪悟如來法界的豐足自在。從而與佛如來相應，開展自心中的如來秘密之藏。

所以我們要念佛、念法、念僧，從而開展世間的智慧，實現美好的人生之旅，這就是人間佛教。當然，在人間行佛當中，必能與如來法界相應。當生命之旅結束時，我們能法喜充滿地回歸佛地。

念根念力在世間法裡同樣重要。它是生命的根本，也是生涯的依恃。因為念即是正確的觀念、知識和心向。我們在世間生活工作，經營各種事業，需要各種不同的系統知識，以解決所面臨的問題。然而，系統知識建立在無數的觀念上。我們運用觀念來思考，又用思考觀察建立新觀念，從而形成系統思考。

在心理學的研究上，觀念具有嚴謹的結構性。它不是任意起念或想像，而是把所接觸的訊息，經過思考、觀察驗證和組合之後，才形成一個正確的觀念，那叫正念。隨意胡思亂想，憑著以訛傳訛或迷信，胡謅出來的觀念，會是邪念或錯誤的觀念。具體的觀念有四個因素：

- **名稱**：透過一個名相或名詞，來表達所說的標的。
- **實例**：指陳該名稱所包含的事例與內容。
- **屬性**：描述名相實例的性狀、特質、運用及功能。
- **價值**：它的價值、好壞、善惡、貴賤之類的性質。

我們在學佛行佛的過程中，若沒有把握佛陀所說的法，乃至古德的修持體悟心得，未能從中得到系統的正念，那麼在根本的方向上就有可能受到誤導，在行佛中，無法產生豐沛的智慧、覺悟和精進成長的力量。所以，把握正確的觀念，避免迷信，乃至執著情染，是學佛行佛的根本。

正確的系統知識和觀念，可以產生力量，讓我們在生活與工作中，發揮大用，因此「知識即力量」。觀念主導自己的人生，你怎麼想就怎麼做，怎麼做就怎麼感受，乃至陷入因果的鎖鏈之中。觀念一旦困著，不能與智慧相應，起創意大用，那麼正確的觀念，也只是一個僵化的東西，徒據我們的大腦裡，而無法產生創意和新的覺悟。所以《六祖壇經》中，特別強調要擺脫執著的觀念。經上說：

無念念即正，
有念念成邪，
有無俱不計，
長御白牛車。

這是說，不起執著的正念，才能開啟智慧和創意的人生。若能不斷吸收正念，又能超越它的執著，就能真正行走在大乘菩薩道，實現覺有情的豐足人生。

我很能了解，「佛法在世間，不離世間覺」。當我們深入佛教經論，能作意義豐富的把握，活用在生活和工作上時，會覺得行佛不難，就在自己日常生活中表現。如果起了貪瞋癡慢疑等煩惱法，覺性就會被矇蔽。所以說，我們若用清淨、不執著和不情染的心，發展出來的一切念，都會是正確的念，所以禪宗六祖慧能說：

前念不生即心，
後念不忘即佛。

這是說在行佛歷程中，不起煩惱、執著、情染的「前念」，專注開啟智慧去行事，就能了了分明，創造一切事功，不忘佛法的宗旨。能如此，就能念念清醒，行一切事不失正念，符合行佛念佛的原旨。

我們來人間一遊，所從事各種行業，無論食衣住行育樂，都應起正念而行之。食安問題、建築品質價格、社會治安，及至政經文化教育各個行業，人人都該以正念行事才對，才活得自在，能與眾生安居樂業。

我讀過企業家王永慶先生的經營哲學：「追根究柢，實事求是」，也仰慕日本松下幸之助事業經營的正念：「使命感、無私、誠心、處理問題的能力」，乃至麥當勞所強調的「品質、服務、衛生和價值」等等。我覺得正念是人生事業的關鍵。

正念是人生的根本，是行事創業的明燈和力量。它表現在日常生活之中，所以更是個人慧命之所繫。就性靈生活而言，你能念佛行佛，終不離淨國佛土；就事業人生而言，你能求知不懈，觀念日新又新，就能與時俱進，走出美好的人生幸福。世出世間都需以正念為根本，都要以正念起行，開展覺有情的人生。

安定的自心

當人的心靈安定時，會覺得思考清醒，情緒平靜悅樂。無論遇到什麼事，總能安步當車又步步踏實。這時，心平如鏡，覺照清楚，是了了分明，展現智慧的時候，對身心健康也是最有益的。因此，心靈的修持，是忙碌的現代人亟需努力的一環。綜合心智科學對心靈安定的研究，得到以下結論：

- 能提升大腦的神經機能，從而提升生理和情緒的健康。
- 提升自我意識，並形塑對世界的寬博胸襟。
- 產生寧靜、社群意識和慈悲心。
- 增強認知、溝通和創造力。
- 改善記憶，提升專注力，以及減緩老化。
- 能維護大腦的功能，減緩壓力，提升同理心。

安定的心是現代人亟需修持的靈性功能。有了它，我們才能在紛繁的資訊化社會，生活得清醒穩定，並產生足夠的智慧，去回應多元的價值觀和紛歧的意見。從而培養寬博的心智，建立和諧的人間淨土。

就佛教的傳承而言，禪定是心靈修持的核心課題。禪定的內涵是指「外禪內定」，依《六祖壇經》所說：

外離相為禪，
內不亂為定。
外若著相，內心即亂；
外若離相，心即不亂；
本性自淨自定。

這是說，我們的心靈本來是安定的，由於我們有了我識，起了分別心，對外界的情境，起了貪、瞋、癡、慢、疑等煩惱法，從而擾亂了自心。所以修定的要領，是用平等心去看生活事物。你可以了了分明，但不可以在好惡、貴賤、善惡、得失之間，掀起波濤，陷入紛亂。以安定的禪心，去面對生活和工作，就能產生創意和智慧，解決種種難題，並保持身心的安寧與健康。更重要的是，只有透過安定的心，才能覺照生命的究竟義，才能見性成佛。安定的心，其重要性可知。

於是佛陀告訴弟子們修持戒定慧的關聯性，指出安定的心是美好人生的根本，更是找到永恆慧命，見自本性的根本法門。在禪宗公案裡，有一則發人深省的故事：

有一天，達摩祖師的大弟子慧可，向達摩問道：

「我的心不安，請師父為我安心。」達摩說：

「你把心拿出來，好讓我替你安心。」慧可說：

「我覓心了不可得。」達摩說：

「好，我已把你的心安好了。」

這是中華禪宗的第一次傳燈，它「直指人心，見性成佛」。真正造成我們不安，帶來紛擾的根源是情緒。我們的心性本來清淨，本無生滅，是光明覺照的，我們的煩惱紛擾，是來自識的執著和情染，從中產生敵意、不平、焦慮等不安的情緒。如果能以「平直心」去看一切事物，不但能產生理性，了了分明，而且不會捲入情緒的漩渦。

所以僧璨大師在《信心銘》中說：

至道無難，唯嫌揀擇，
但莫憎愛，洞然明白。

當我們能從憎愛、得失、貴賤、高下的執著中解脫出來時，我們更能面對真實，精進地生活和工作，更能發揮創意在解決問題上。

現代人不安的情緒，大部分來自抱負水準與現實生活中的落差。年輕人為了怕成績落人於後，擔心達不到長輩期許，加上悲觀的思考模式，從而陷入焦慮性情緒失常。成年壯年為了擔憂工作不保，孩子的成績表現不如預期，乃至自覺在親友面前遜色等等，都會因此而焦慮。這些焦慮不安，若自覺無法解決，就會陷入「無助」的情緒，更感到沮喪或悲傷，就造成憂鬱症。

在心理晤談實務經驗中，我發現這些負面情緒正普遍地折磨現代人。這些繁複多樣的苦難，核心就是貪、瞋、癡、慢、疑等煩惱法所衍生出來的。克服之道要從行佛覺悟中著手：

● 保持努力上進，但不一定要贏過別人。用心學習解決問題的能力，從中求新求變，但不起獨占鰲頭之念。

- 修持雙贏的態度；每個人都有長處，要欣賞別人的成就，也要珍惜自己的當下。為別人的成功歡喜，並不表示自己就沒有珍寶。
- 在自己的生活和工作園地中，發揮創意和慧眼。在創造中領受成就感，在慧眼欣賞中看出自己努力的價值。
- 學習安定自心，運動能緩和交感神經的緊繃。禪坐念佛能涵養自心的寧靜，並與如來法性相應。

安定的心是行持中修鍊出來的，不是口說心想就會有的。所以天台家特別重視「止觀」法門，透過止的功夫，止住煩惱不安的情緒，從而發揮智慧思考和創意心能叫做觀。無論是生活或工作，都要行持止觀。進一步在「參透生命的為何」時，更需要依止觀之法，才能與如來法界相應相契。

行佛修持止觀，才能面對真實，活出「如所從來」的妙趣和樂活幸福。當然，也唯有止觀妙法，才契會「無所從來」的無量壽自性。這就是《六祖壇經》所說：

即心名慧，即佛乃定。
定慧等持，意中清淨。
悟此法門，由汝習性。
用本無生，雙修是正。

如此行持，就能培養出直心。「但行直心，於一切法勿有執著」，就能擺脫相續不斷的煩惱心念，產生樂活智慧妙心。所以慧能大師說：「定慧有如燈光。有燈即光，無燈即暗；燈是光之體，光是燈之用。」定慧即止觀法門的核心要義，值得每個人行修運用，好開展樂活的人生，契會慧命的歸宿。

安定的心必須踏實地培養。習慣心理學指出，任何有用、有價值的心智力量，都要透過行為，養成習慣，那才能心行一致，凡事才能落實，水到渠成。禪宗有一則公案說：一位士紳居士，多年來一直到佛寺作早課，聽聞佛法。住持禪師看他虔誠用功，開示時機已到。有一天清晨早課前，隨緣問道：

「你為何每清早就來作早課呢？」居士說：

「我已完全看開，全心向佛。」禪師說：

「你這麼早就出來，不怕夫人在家偷人？」

這句話簡直是對居士和夫人的侮辱。瞬間居士勃然大怒，責罵起禪師，繼而揮手要打禪師。於是，禪師拔腿就跑，居士憤然在後頭追趕，一路追進了大殿。禪師閃到大柱後頭，伸出頭來慈悲地對他說：

「你不是已經看開了嗎？」正是：

輕輕一撥扇，性火又燃燒；
如此暴躁氣，怎算看得開。

這種不安憤怒的情緒，就在冷不防中矇蔽了心光。我們日常生活之中，有時會因一句話，而大動干戈；有時為一件無傷大雅的事傷心怨恨不已。

安定的心是行佛的重要功課，是生命智慧的根和力。所以自古以來，無不重視它。孔子在觀察人時著眼於：「視其所以，觀其所由，察其所安，人焉廋哉！人焉廋哉！」當一個人定心不存時，精神生活便會墮落，所表現出來的生活態度就顯得不穩定。

因此古德對這些人的描述是：

● 物欲所牽，急於追逐，心浮氣躁。
● 鹵莽將事，不能深耕易耨。
● 任性失控，不能自我控制。
● 文飾托辭，推三阻四，缺乏定性負起責任。

於是佛陀傳授了修定的妙方：坐禪。每天找個適合的時間坐禪，對培養安定的心，有明顯的效果。青少年時期，我在宜蘭雷音寺，聽從星雲大師的指導，每天禪坐二十分鐘，至今年逾七十，仍孜孜不倦。禪坐帶給我身心健康、安定的心和生活的智慧。歸納心理和神經科學的研究，坐禪的好處如下：

● 身心調和，開展慈悲喜捨的人生。
● 緊張和焦慮下降，從而實現自在的生活態度。
● 心神安定，在生活中領會豐富的喜樂。
● 引導自我覺醒，從而開展生活的智慧。
● 開啟寬達的宇宙心（見性），悟得生命的究竟義。

坐禪不只有益身心健康，同時能參透生命的究竟義，從中開展出自在的心境，實現「八風吹不動，端坐紫金蓮」之妙悅人生。

培養安定的自心，不只對身心健康和生活的調適有益，對工作和生涯的發展，更是決定性的因素和動能。然而，生命不只是短短數十年或百餘年，更要從禪定開悟中，契會無量壽的存在，而證得永生慧命。觸及這個究竟義，就能「當下」看出生命的意義和歸宿。這就是古德所說的「當下」即是，亦是禪家所說的「即心即佛」的真諦。

慧性的開展

就心靈生活而言，心安定下來，就能產生清醒的心智功能。有了它，就能產生知識和能力；透過經驗的磨練與學習，自我功能增強，解決問題的能力也提升。我們用它來創造福報，從獨善其身到兼善天下，從己利而利人。於是，實現了福德莊嚴。原本自我中心的「我」，若能在關懷眾生和創造共同福報中，不起情染和執著，契會空性的如來法界，那就是禪家所說：

探頭天外看，
誰是我般人。

從而領會到：即是生活在人間，也沒有離開如來法界。這便是《首楞嚴經》中觀世音菩薩所說的「入流亡所」的殊勝境界，慧性所展現的殊勝，正是經上所說：

與佛如來同一慈力故，
令我身成十二應，
入諸國土。

這是指佛性開展出智慧，以各種不同角色，在世間各地服務大眾。而且還更做到：

與十方三世六道一切眾生同一悲仰故，
令諸眾生於我身心，
獲十四種無畏功德。

這是說從種種他的努力教化中，令眾生得大自在，展現大無畏的精神和大慈大悲的能力和功能。

就現代後資訊化社會而言，在經濟生活、社會結構，及至文化政治等各方面，當然與各個時代不同。不過，現代社會對名財利養過度追逐，對於心靈生活嚴重疏忽，加上價值中立的取向，以致人生被物欲綁架。人類似乎罹患了「消費強迫症」，又迷失在「人定勝天」的造作之中。不但令自己心力疲竭，更浪費了自然資源，也破壞了生態與環境。這是現代社會的共同「無明」。人類亟需以安定的心，清醒的智慧，去開展新的淨土佛國才行。

就每個人的生命歷程而言，也必須開展自心中的慧性，才能活得幸福自在。

在我心理晤談的經驗中，可以發現焦慮和憂鬱，已經成為現代人的流行病。疏離感和防衛性，已成為普遍的習慣。這些習慣增加了孤獨感，卻又無法在現實生活中得到人際支持，所以遁入網路世界，這個虛擬世界，令許多人封閉了現實生活。尤其是年輕的一代或青少年，在現實生活中遭遇挫敗時，很容易封閉自己，在家當宅男宅女，不去上學，不去工作。他們無法在現實生活中得到溫暖和快樂，也造成自我認同的失敗。

每一個文明或社會，都有活得自在、法喜充滿的人，也有活在眾苦煎迫的人們，關鍵就在於智慧的開展。當一個人的慧性發出來時，就好像陽光照亮大地，了了分明。他不但活得自在有創意，同時也契會到生命的正向意義，從而體驗到法喜充滿。誠如唐朝長慶慧稜禪師所說：

萬象之中獨露身，
唯人自肯乃方親。

這是說：我們生活在萬象之中，卻要開展菩提自性，用智慧實現人生，用覺性處理事事物物，開展慈悲喜捨，不在成敗、順遂、貴賤、得失中，起了執著。人一旦執著在「邊見」裡，就起了種種煩惱和無明。

人生如旅，要作個妙喜之旅；人生如戲，要演個精采的好戲，都要以信、進、念、定、慧為根本，從中開展法喜充滿的人生，過有創意有智慧的生活，各在自己的根性因緣上，行佛樂活，實現其圓滿的人生。它的基本要素和力量，就是五根五力所開展出來的。

學佛行佛，要有正確的信仰。有了正信才有方向，起了正信就找到「道源功德母，能生一切諸善法」。願意去精進行持，在生活和工作中實現，就有著無盡的法喜。接著是知識與觀念，要與時俱進，因為世事無常變化，要用創意去生活與工作，更要開啟智慧，看出生命的意義，覺悟到自心中無量壽的菩提自性，並能參契如來法界。這時生命的根本找到了，生活的創意和福德也實現了。能如此行佛，我們的精神能量也就充沛豐盈，生活過得自在如意了。

陸

自我覺醒

七覺支的人生大用

每個人的心靈世界裡，都有一個自我。如果能把「自我功能」充分地發揮出來，在生活和工作上，就能展現創意，獲得成功；在待人接物上，就能同理和諧，創造共同的幸福，也為自己帶來自在感。此外，健全的自我功能，也給自己帶來生命的智慧，契會生命的意義。進而看出生命的希望，參悟中道佛性。這正是《大般涅槃經・師子吼菩薩品》要義：

成就福德莊嚴，
實現智慧莊嚴，
若有菩薩具足如是二莊嚴者，
則知佛性。

自我醒覺，不只帶來「自我實現」的豐足人生，同時也契悟生命的究竟義，找到真實的歸宿——如來法界。

就世間的生活而言，「我」只是資訊所構成的「自我概念」。佛陀指出：那是識所形成的「我」，不是本身具足本無生滅的自性或佛性。因此，自我的醒覺，同時包含了生命的自我實現，以及悟見無量壽的佛性。所以佛說：我們要在現實生活的無常、苦、空、無我中覺悟，從而實現常、樂、我、淨的如來秘密之藏。故《大般涅槃經‧壽命品》中說：

常者是法身義，
樂者是涅槃義，
我者即是佛義，
淨者即是法義。

我們若能依經修持，就能得到圓通的生命究竟義。

佛陀為了引導我們步上覺悟之道，特地為我們指出七個自我醒覺的基礎要領，那就是七覺支（覺醒的因素）。佛陀在《雜阿含經》中說：心靈的成熟，有如養育嬰幼兒一樣。孩子幼小的時候，媽媽隨時照顧撫育，當長大到青少年，有很好的活動力。父母親可以放任他，無拘無束地隨他作為嗎？當然不可以。他雖然長大了，但還需要長期的學習，累積經驗，增長智慧。等他具足智慧，理事都能明辨時，才可以放心，任其自由發揮。佛陀說增長智慧的關鍵就是七種覺醒的要領，分別是：念覺、擇法覺、精進覺、輕安覺、喜覺、定覺、捨覺。

七覺支又稱為七菩提分，是行佛樂活的七個智慧善巧。從心理學的觀點看，它們是身心調適的妙方，善加運用，可以安定心智，提升大腦的神經機能，增進生理和情緒的健康，從而帶來良好的自我功能，在生活和工作的調適，乃至菩提自性的開悟，都會有良好的效果。誠如《俱舍論》中所說：

> 若行者之心浮動時，
> 可用輕安、捨、定三覺支攝之。
> 若心沉沒時，
> 可用擇法、精進、喜三覺支起之。
> 念覺支則常念定慧，
> 不可廢退。

七覺支能除種種無明煩惱，令智慧開啟，讓我們活出光明通達的人生。佛陀在《雜阿含經》中說：

七覺支能作大明，
能為目，增長智慧，
能為明，為正覺，轉趣涅槃。

這段經文的要義，是指清除我們心中的情染、執著、無明與煩惱（即貪、瞋、癡、慢、疑、邪見），從而開啟了智慧的法眼，達到自我覺醒。不但能創造美好的人生，同時也實現生命的光明面。

正確的觀念

念覺是指清醒的心念、知識和觀念。就心理學的觀點來看，念覺是一切學習和心智成長的根源。念覺包含了「內法心念住」和「外法心念住」。**內法心念住**是指清醒的心境、情感和思考，沒有夾雜、混淆和矛盾。**外法心念住**是指對事物的正確看法。念覺顯然蘊含了「理事無礙」的真諦。理能成事是指能以創造力開展幸福的生活。事能顯理，則能從生活的實現中，契會如來法界。

我們在人間生活，無論在信仰、生涯職業、待人接物等等，都需要保持正念，才能在信仰上起正信，走好人生路。在生涯職業中，做得對做得有品質，實現菩薩道；在待人接物中，展現慈悲喜捨四無量心。在我的晤談經驗中，有許多人問過我同樣的問題說：

「念佛真的有感應嗎？為什麼我感應不到祂。」我說：

「心中有佛，隨時起正念住。在工作生活各方面，都能清醒地回應，產生創意，學習新知，展現出系統思考和執行能力。以正念與佛相應，在自己的生涯崗位上為社會服務，那就是念佛、行佛和入於佛懷。能如此，你就已經與極樂世界淨土佛國相應相連線。你念一聲佛，起無量福德與功德。你會覺得有應感，有豐收，充滿著信心、歡喜、希望，而且就在生活中方便運用。」

有些人聽了，即刻能契會個中妙用。有些人，仍然陷在世間與出世間的分別心裡，以致不能起「不二法門」的正念。於是又問道：

「我每天念佛，佛並沒有來看我或給我什麼回應呀！」我答道：

「是你在看祂，從而起了行菩薩道的心，就已經踏入淨土佛國了。」他又問：
「你說的可有根據？」
於是我為他解釋正念住，並引用《維摩詰所說經》中佛陀所說：

菩薩隨所化眾生而取佛土，隨所調伏眾生而取佛土。……
菩薩取於淨國，皆為饒益眾生故。

所以，我們以正念念佛，隨緣在生活中行菩薩道，必然與阿彌陀佛相應，與極樂世界相應。「相應」者無相，而你的生活和工作，卻隨時都與佛相應，那是真念佛。聽者，往往能深心體會。
過去，我曾參加淨空老和尚二十四小時念佛法會。法會完畢，他慈悲地問我：
「念佛法會下來，可有心得？」我說：
「二十四小時之中，雖有藥石雜務，但念念相續，都在念佛，真是殊勝。」他對我開示道：
「你能體會到這兒，就很不容易了。要記得，無論是工作或休息，是行住坐臥，都要把握『念不念皆念』的心要。」

從他簡短的開示，我有著醍醐灌頂之感。我體會到念念都要清醒覺察。我體會到經上所說：「直心、深心、菩提心是菩薩淨土」，「四無量心是菩薩淨土」，「四攝注是菩薩淨土」，「三十七道品是菩薩淨土」。

我們透過念覺，隨時與三寶相應，與如來法界相應。透過念覺，在生活與工作上，起正確的觀念，歸納出豐富的知識，發展出能力和品德。這樣的佛法，正是星雲大師所提倡的人間佛教。這樣的念覺，不但讓我們活得歡喜幸福，也同時體會到《般舟三昧經》所說：佛立在前，佛就在你身邊的溫馨和安祥。

清醒作抉擇

我們活在世間，隨時都要透過清醒的抉擇，然後採取行動。無論是在生活、工作、家庭、感情、友誼等各方面，都要作正確的抉擇，才能調適得好，活得健康快樂，生存得以持續。從神經科學的角度來看，我們每個人的前額葉（prefrontal lobe）就是掌管我們思考、抉擇和行動的部位。如果蒐集的資訊有誤，當然會作出錯誤的判斷，行為或回應也會出錯。然而，在處理這些資訊，作思考抉擇過程當中，如果被衝動和激化的強烈情緒干擾，同樣會作出錯誤的抉擇和行動，而造成挫敗和困擾，甚至帶來大的災禍。

於是清醒的抉擇，變得非常重要。影響抉擇和行動的運作歷程中，除了邏輯思考，面對真實，經驗的參照等因素之外，情緒也是重要的因素。激化的情緒，會干擾扭曲思考，導致錯誤的回應，造成災難性後果。研究指出，大腦中前扣帶迴（anterior cingulate cortex）的功能是活化、健全的，就能把激化的情緒緩和下來，它就像是情緒領域的掃毒軟體，能把激動紛擾緩和下來。這能讓前額葉冷靜有效地運作，同時也讓頂葉發揮良好的直覺功能。如此就能作出清醒思考和抉擇。

在佛法中的禪修、持咒、念佛等行持法門，經過最近幾年神經科學的研究，發現這些修定的行持，有助於前扣帶迴的活化，從而產生寧靜，增強認知、思考、創造力和慈悲。這部分修持，也提升了注意力和記憶力。

作清醒的抉擇，對於活在資訊紛繁裡的現代人，顯得非常重要，加上生活繁忙，競爭激烈，工作負擔沉重，要想在工作上表現良好，就得在定的修持上下功夫。《六祖壇經》中說：

即定之時，慧在定。
即慧之時，定在慧，
定是慧體，慧是定用；
定慧一體不是二，

清醒作抉擇的根本，就在「定慧等持」上。有一位高階的行政主管，在工作和家庭生活上承受許多壓力。他發現紛繁的心情，不但影響工作效能，造成猶豫不決。另一方面，浮躁的心情，回到家裡也給家人造成緊張和摩擦。他問我說：

「有什麼方法，能讓我的心安定下來？」我說：

「不要把辦公室的紛繁帶回家裡，也不要把家裡的不愉快帶到辦公室，保證你壓力會減少很多。因這兩方面的壓力，在你的心中是『相乘』的效果，如果讓它們交互影響，那就會把自己壓垮。」他點了點頭，隨即問道：

「能告訴我怎麼辦嗎？」我說：

「辦公室的事，加班處理告一段落，就像關掉電腦一樣，不再去想它，讓自己清靜下來，明天接著面對它時，創意和清醒的抉擇比較容易浮現出來。放下工作回到家，用喜悅和同理的心，跟家人交談。對於家務中的意見分歧，以幽默和風趣的心，加上冷靜的大腦，作正向的抉擇，並能與家人相互支持，分享家庭的愛與溫暖。」他說：

「有沒有具體的方法？」我說：

「保持覺性，提醒自己不要陷入負向情緒的漩渦。」

「怎麼提醒？」我說：

「進家門之前，先按摩一下臉部，把身體放鬆，擺出笑容，再用手拍一拍衣裳上的塵勞。告訴自己：家是安樂淨土，我要法喜充滿才好。」他又問：

「那麼上班到了辦公室如何？」我說：

「把人與事分開，你就不會被情緒綁架；面對真實，清醒作思考抉擇，你就不再那麼費力耗神。」

後來他告訴我：「老師，你的處方真管用。」

用清醒的心去擇法，就能找到正法，而不會選擇迷信、成見和偏見。用清醒的心，依自己的現實，去成長和延伸，就是正確的生涯抉擇。在感情、婚姻、人際等方面，保持清醒去回應處理，總能得到圓滿。這些都叫擇法覺。

精進不躁

人活在無常變化的環境裡，必須精進努力，克服困難解決問題。人的一生，無論在德、智、體、情、美、群等各個方面，都應精進學習，對於真、善、美、聖等各個範疇，都要精進修持。有精進的主動態度，才有日新又新的美好人生。有精進的修持，在心靈的覺悟上，才能契會無量壽的菩提自性，從而入於法界。

在人生的歷程中，必須勤奮精進，才能開展「自我功能」，去面對無止境的挑戰。精進是生命存續的真理。《唯識論》中說：勤奮就是精進，在向善除惡上，心懷積極的動機，並表現在改過遷善的實際行動上。用現代心理學的觀點看，精進覺就是一個人的「主動性」。人一旦有了主動性，就能自動學習，開展多方面的能力，並能主動關懷別人、愛護別人，並在心靈生活上，不斷超越提升，活出豐富的意義，開展靈性的生活。

《維摩詰所說經》中說：「精進是菩薩淨土。」這是說一個精進的人，在萬法中歷練能力與智慧，開啟了佛性，那就是精神力所在。另一方面，願意主動專注地奉獻，在現實生活中，隨緣行善，活出慈悲喜捨來。精進就是主動性，表現出努力不懈，向上提升的精神力。

就世間的生活而言，精進就是要打拚，要勤奮努力，不斷追求成長。大環境逼著人不得不拚命地幹，自己心中也懷抱著「要拚才會贏」的想法。於是，產生了工作狂，造成了過勞死。因此，精進本身必須具備覺醒，只有透過精進覺，才能將這個心力，發展成正向的心力，締造出幸福的人生。

現代的企業管理，為了追求績效，發展出所謂責任制的考核制度。大家為了多一點收入，只好拚命工作。許多人加班到深夜，甚至到凌晨還在苦幹。這樣會得不償失，會得此失彼。因此，佛法告訴我們的精進旨意是：覺悟的主動性才是真精進，所以稱為精進覺。

在《雜阿含經》中，佛陀曾為覺悟說過一個故事：從前有一批商人，積極地要到遠方做生意。他們要艱辛地越過沙漠，也要遠度重洋。由於路途曲折複雜，於是請來一位熟悉路途的嚮導。有一天，他們來到崎嶇的山野，依當地迷信的風俗，必須殺一個人來祭祀，才能保平安。由於這批商人都是自己人，商量的結果，決定把嚮導殺了當祭品。結果，這批商人因為失去嚮導，陷入前路茫茫，後退無路，最後都困死在荒郊曠野裡。

現代人過度強調追求成長率；貪多務得，競爭激烈。稍有遲滯，便陷入消極想法，垂頭喪氣。遇到景氣復甦，則又瘋狂地躁進。進退攻守之間，有著許多焦慮，是值得反省之處。

因此，精進覺是有智慧的主動性，是值得現代人謙納的生活和工作態度。透過心理學加以分析，精進覺具有以下幾個心理素質：

- 樂觀進取的思考模式。
- 透過認知心向，產生目標和行動。
- 精進的行動是透過意義和價值觀發展出來的。

由此可知，精進是一種成熟的人格特質。它讓我們看清生活的真相，生命是一段艱難困苦的過程，你必須清醒地面對它，忍受解決問題過程中的辛苦，從而發展出新知和智慧。所以佛陀告訴我們，苦是聖諦。能做到精進覺，必然是在人格特質中包涵了下列因素：

●能延緩享受，懂得先苦後樂。
●願意負起責任去面對人生。
●清醒地忠於真實。
●能保持平衡，不落入偏見。

精進覺帶給我們樂活的力量，同時也是涵養健全人格的修持。我在年輕時，星雲大師曾對學子們說：「精進的人生就是改、受、敢、思四個因素的實踐。」他簡要地解釋說：

●改就是改正錯誤。
●受即是勇於受命。
●敢是敢於行動。
●思是用心思考。

我把「改受敢思」四個字，牢牢記在心裡頭，當作座右銘。在生活和工作上受益，在行佛的意義上，也增加了豐富感和信心。大師所說的四字訣，就是精進覺的活用注解。

活出妙喜

人一定要活出喜樂，無論環境和際遇如何，都得用法喜的心去生活，否則這趟寶貴的人生之旅，真是白來了。在生命過程中，能保持法喜的人，在生命結束時，必然與極樂淨土相應，入於佛國淨土。所以《維摩詰所說經》中告訴我們：妙喜世界就在當下，開悟神通者，舉眾皆見。其未開悟神通者，則不覺不知。我們修習喜覺，當下契會妙喜佛國。

喜樂是生活中妙悅之源，是初禪二禪的資糧，是禪定和開悟的豐收。人要活得法喜充滿，就能像禪家所說：

春有百花秋有月，
夏有涼風冬有雪，

若無閒事掛心頭，
便是人間好時節。

人若能在生活和工作中保持歡喜心，就能產生活力，就能孕育出定慧和創意，日子過得歡喜自在。

喜樂不是來自對物慾的貪婪或佔有，不是來自名聞利養的追求，這些只是五蘊色身的快感，容易產生執著情染，免不了被物慾綁架。佛法也不是告訴我們，要棄絕生活中的快樂，而是所有的喜樂都必須與覺醒相容，才是真正的喜樂。星雲大師在《佛光菜根譚》中說：

好的時辰，好的地理，不在心外；
只要心好，日日都好，處處都好。

透過智慧覺照所生的心，自然有喜覺，你真能體會日日是好日。原因是，當我們用覺性的法眼去看生活時，煩惱無明已經散去，你能看到的是春和景明的當下。

在婚姻的心理晤談中，我遇過一對郎才女貌在職場上都稱得上順利的夫妻，他們在結婚之喜後不久，就開始爭吵賭氣。在晤談中，他們互相指責對方不能了解自己，沒有真正愛自己，彼此都傾訴了一大堆的抱怨。我從個別晤談，引導彼此看出真正的障礙，然後才進入一起晤談。最後，我問他們：

「你們的生活態度和價值觀，絕大部分是相同的。」他們異口同聲說：

「我們已經走到零交集了，怎麼說有共同點呢？」

「你們的共同點是：都在看對方的缺點或挑剔對方，所以在言語溝通上，就產生很多垃圾。你們現在的家庭氣氛，就像是一個垃圾堆積場。如果你們能回復戀愛時，彼此看到的都是對方的優點，你們就會創造妙喜，感情就豐富起來。還有，你們已經好一段日子，沒有在婚姻的園地上蒔花接木，灌溉施肥，以致感情田園荒蕪。你們要一起做些有趣的事，例如找時間一起郊遊，做點讓對方高興的事，一起在假日學做菜買菜等等，讓你們的婚姻豐富多彩，幸福就在跟前。」

諮商晤談朝著這個方向進行，半年之間有了十次左右的晤談，他們進展神速，彼此的感情變豐富溫馨。最後，他們告訴我說：

「當我們重新努力去愛對方，才真的讓自己從無明煩惱中覺醒，發現了你所說的妙喜世界。」

要想生活在妙喜世界，需得了解現實，鏟除障礙，抱持希望和慈愛，採取正向的行動。無論是在婚姻、事業、人際等等方面，都是從正知正見和正行中，耕耘出美好的碩果。喜覺的來源，要領如次：

- 在精進覺中得喜。
- 在恬淡覺中生喜。
- 在禪定智慧中領悟無盡的喜。

覺中有喜，喜中有覺，能如此便能有日日是好日的豐收，有著夜夜是春宵的自在。

喜覺包含了以下的因素：

- **喜見**：看法正確就歡喜；稱讚並學習別人的優點就歡喜。
- **喜忍**：懂得安忍，知悉無生法忍，自然心生歡喜。
- **喜根**：行誼質直，不捨世法，但知諸法實相，能得歡喜。

●**喜捨**：在布施中去除我執，得自在歡喜。
●**喜樂**：在了了分明中得喜，在平等平淡中生樂。

行持喜覺，不但能創造美好的人生，而且在喜覺的智慧中，容易見性悟達。自己永生的慧命，也就與安樂世界的佛國相應感，知曉人生的真正皈依處。人一定要活得歡喜日子才好過，生命才能開展得活潑。在第一義諦上，能契會如來法界，做到「不盡有為」行於慈悲喜捨，行持「不住無為」，雖行於空，無相、無作，但不以此為證。

喜覺給人生帶來喜樂，也為出世間的淨土佛國，鋪設了一條清淨無障的大道。

身心輕安

現代人普遍生活在緊張焦慮的心情裡。這是經濟發展，社會結構快速變遷，以及追求成長，所帶來的結果，於是，我們要一起來重視佛陀所提示的行佛之道：保持輕安覺。心理學及精神醫學的研究指出：焦慮和憂鬱，已經成為現代人普遍的困擾，甚至形成病症，破壞人的正常生活機能，帶來病苦的折磨。所以保持身心輕安，已成為眾所周知的課題。

佛陀告訴我們：我們當然要保持輕鬆的身心，否則就會陷入沉重的身心狀況，造成生活上的障礙，破壞自我功能。如此一來則不能領受生活的喜樂和福報，更無法看出光明面和究竟義。佛陀在《雜阿含經》中指出：

身口意保持柔軟，
並離諸惡不善業。
即能保持輕安。

保持柔軟的心，在遇到種種逆境、障礙和煩惱時，不起瞋怒或狂暴，不生畏懼或氣餒無助，所以能夠冷靜思考覺察，解決問題，這樣的教化，與現代心理學的研究，是相符合的。這正如龍樹菩薩在《大智度論》中所說：

除去身粗與心粗（煩惱與壓力），
然後除一切法相，

得快樂遍身心中。

這是說，如果我們能擺脫心中的種種情結和積鬱，就能免受成見、偏見、情染、執著等煩惱法的折磨。如是則能得到身心的輕安，保持清醒的自我，而得一展光明的智慧。依我多年來的觀察心得，保持輕安有幾個要領：

- 透過信仰和禪定，保持清淨的心。
- 休憩時運用內觀和鬆弛技術保持放鬆。
- 養成每天運動的習慣，保時自律神經系統的安穩。
- 做好事，說好話，存好心，讓身口意三密得以紓展。

輕安必須與自我醒覺相結合。如果一個人為了輕安，而變得懶惰，貪圖享受，或無所事事，那是對輕安的偏執與迷失。有些人會變成墮落浪漫，花天酒地；有些人則空虛冷漠，失去光明振作的人生。

為了保持輕安，讓自心淨化，從而產生智慧，開展覺有情的菩薩人生，於是佛陀告訴我們要懂得放下貪、瞋、癡、慢、疑、邪見等煩惱法。然而，許多人沒有覺察，卻執著在「無記空」的輕安裡。於是佛陀在《百喻經》中說了一個故事：

從前有一個愚笨的人，到朋友家作客用餐。由於菜的味道太淡，主人就在上頭撒了一點鹽，味道果然變得鮮美。愚人心想：加一點鹽味道就變好，大口吃鹽一定如天下美味。於是，向主人索討一大把鹽，一口吃進嘴裡，霎時鹹得不能忍受，只好痛苦地吐了出來。

輕安覺有如在食物上加點鹽巴佐料，但若以鹽當主食，那就會苦澀難嚥，甚至會營養不足而餓死，

現代人每天都很忙，事忙心更煩。因此，保持輕安覺，有助於自我功能的發揮，並帶來心靈生活的充實與喜樂。輕安覺可以帶來專注力，增進記憶力，維持思考的清醒敏銳。輕安覺讓我們活得歡喜有味，帶來更多法喜。

定慧等持

練習讓心定下來叫修定，我們可以透過自我提醒、坐禪、觀呼吸等方法，讓自心專

注，別無旁騖。修定能產生心靈的淨化，從而開展智慧。這種練習透過靜坐、持咒、禱告、念經等方法，可以讓心靈淨化，開啟智慧，從而孕育創意和慈悲喜捨的妙心。還能增進人際的溫馨，對於領悟生命的究竟義等心靈生活的重大課題，就有了開悟。這是受到心理學研究肯定的真實。

不過，如果修持的定，是僵直而寂然無慧的定，那就會像死水一般，迂腐無能。因此，定中保持覺醒，做到「雖行於空而植眾德本，雖行無相而度眾生，雖行無作而現受身」，這就是真正的「定慧等持」。保持安定的心，讓自性中的潛能和智慧自然流露出來，就能在世間法中產生創意，在出世間法中看到生命的皈依處。因此，佛陀在《六祖壇經》中提醒我們：

行直心於一切法勿有執著，
心不住法，道即流通，
心若住法，名為自縛。

這是說，人若執著於情慾和享受，只想到功利和囤積，就無暢通心法的管道，而造成種種扭曲和障礙，煩惱因此而生，痛苦隨之而來。所以要定心「不住於法」，不被生活中的種種得失利害綁架，才能超然生智慧，達成有創意的自我實現，有著幸福之感。直心，是指不被情慾扭曲，能清醒覺察的意思。

佛陀接著告訴我們，唯有定與慧同時修持，那才是發慧菩提自性的方法。祂說：

定慧猶如燈與光，
有燈就有光，
無燈即陷入黑暗。

把修定視為每天必修的重要功課，就不會被物慾綁架，不會被利害的衝突所困住，更不會被得失成敗的預期所擾亂。所以《六祖壇經》上說：

從上以來，
先立無念為宗，
無相為體，

無住為本。

若能徹底了解這淨心修持妙方，就能產生般若智慧，從而在世間過有創意的生活，法喜充滿地實現美好的人生，並契會生命究竟義。所以佛陀說：

真如自性起念，
六根不染萬境，
福德與真性常在，
是為不動第一義。

在修持上，我隨著人生歷練增加，讀經看教的心得日增，領會到《維摩詰所說經》中所言：直心是菩薩淨土，深心是菩薩淨土，菩提心是菩薩淨土。繼而有著安忍而無所忍的法喜，我契會到「無生法忍」的妙諦。

有一次，一位中年男士來晤談。他說到自己的努力，得不到應有的回報，受盡種種折磨委屈，主管卻連個鼓勵或安慰之語都沒有。他說得非常悲切、委屈和無奈，大部分的時間，我都聽著他傾訴和抱怨。由於他是佛弟子，所以我告訴他說：

「佛告訴我們功不唐捐，善行必有善報。它不出現當下，必然出現在永生的智慧莊嚴上。繼續努力下去，佛菩薩看著你以平直心奉獻，必然對你會心的加持。」

他聽了我短短的回應，起先有著懺悔的表示，我回應說：「佛陀告訴我們，苦是聖諦，是成就生命第一義的資糧。」就在短短的緘默後，他告訴我：

「這是我修定和涵養直心的時候。」我說：

「你要把這些委屈和辛苦，視為覺悟的恩典。」他說：

「我似乎已看到它！」我說：

「那就叫轉識成智。」他含淚說：

「我知道老師不是在安慰我，而是直指人心，告訴我見性成佛。」

他向我深深一鞠躬，默然對著我，表情上出現著「超然物外」的儀態。就在短短的時間，我們一起體會到慧命之永恆，看到人生的光明面。

定覺不是什麼都不想，而是清淨安定地出現智慧覺性。人如果陷入紛擾不安，即使是好事一樁，也會變成困擾和壓力的根源，如果能夠以定心「轉識成智」，即使是一件困頓委屈的災難，也會從中看出新機和希望。

定覺能生覺醒智慧，不過此定並非什麼都不想的「無記」，而是直心、深心、清淨心所產生的創意和智慧。所以定覺的大用是：

1 在紛擾中保持鎮定。
2 在挫敗中維持篤定。
3 在激動中保持穩定。
4 在誘惑中堅持安定。

定覺不但能維持身心的健康，孕育活潑的適應力，實現美好的人生。此外，更能從定覺中，產生神經科學家奧斯汀（James Austin）所說的「宇宙心」（universal mind），那就是開悟見性的菩提心了。

放下

禪家所說的「放下」，即是《金剛經》上所說「應無所住而生其心」。這個修持行動就稱作捨覺。捨就是放下，放下時必須清醒覺察。放下使一個人不被過去的經驗綁架，不被情染執著框住，從而發揮覺性與智慧，過創意的人生。

從心理學的觀點看，我們很容易沉醉在快感經驗裡，因此吸毒的一時快感，會讓人揮之不去，成了毒癮，走向苦難墮落的人生。成功的經驗令人難以忘懷，但也要明白成功的同時，也埋下失敗的因子。因為他執著在成功經驗裡不肯放下，以致不能保持覺性，繼續研發新知，拓寬視野。

捨覺從舊思惟中解脫，從防衛困守的習氣中出離。所以捨覺是成長、創造和布施的因。捨覺帶來：

- 日新又新的成長和智慧。
- 心境上輕安和恬適。
- 帶來清醒看出真實，避免迷失。
- 契會永生的慧命，入佛如來法界。

捨覺能在根、塵、識中起覺悟作用，能帶來自我醒覺，走向「覺有情」的菩薩人生和生命的開悟。《大佛頂首楞嚴經》中，有二十五位菩薩說圓通。他們所說的法門不同，但都透過捨覺，才從自己的根性因緣中覺悟，實現世出世間圓通，踏上濟拔眾生的佛道。

在平常的行佛修持中，透過捨覺，我們能從煩惱心結中解脫，用清醒的智慧生活，展開創意，帶來樂活。多年前，有一位婦人來晤談。她為了父親的遺產，與家人鬧得不可開交，從此失去親情，不相往來。還活著的母親，也沒有去探望。因為母親說了重話「拒絕往來」，曾幾次回家探視，都被罵了出來。她說：

「我只是依法爭取應得的父親遺產……沒想到後果會這麼嚴重。我失去親情這些年來，憂愁沮喪，得了憂鬱症。」仔細聆聽她的苦楚，陪在一旁的先生也落下眼淚。我告訴她：

「捨下過去的怨氣，用平常為人子女的心去探望母親，即使又聽到幾句逆耳的話，也要保持不沾染，要用柔軟的心去看她，要抱著好心情去探望她。就法律的觀點看，妳並沒有什麼錯，要用信心和孝行，以行佛的願力去感恩母親，接近母親。」

過了些時日，她和先生又來晤談，心情改善很多。他們一起以「全新的心」去看母親，終於有了轉機。幾次以後，他們有了親切的交談。夫妻兩人說起這段努力經過，顏面上綻放著輕安和法喜。

捨覺使人寬心，帶來去污除臭的心靈環保。捨能祛除畏懼不安，讓我們勇於行佛。捨能令我們的菩提自性放光，過創意的生活。

修持七覺支，是行佛的重要功課。能振衰起敝，開展自我功能，從而實現美好的人生。另一方面由於定慧等持，輕安無障，自然引發開悟，見菩提自性，入如來法界。

佛陀在《雜阿含經》中告訴我們：修七覺支的最大障礙是微劣猶豫和掉心猶豫——前者是指沮喪憂鬱，後者則是焦慮狂躁。這兩種情緒，正是現代人很流行的心病。我們在行佛中，要先注意情緒的健康。

柒

正向的人生

八正道是人生的明燈

人生充滿著許多艱苦和挑戰，如果我們不以正向的態度去解決、包容和寬恕，苦悶和積鬱就會不斷累積，從而破壞理性思考，扭曲事實，造成錯誤的判斷，引來更多的煩惱和障礙。乃至把自己緊緊地困住，痛苦呻吟。

因此，我們要行佛修持。透過上述行動產生智慧，進而以智慧來覺照人生，這就是自我覺醒。它表現於對現實生活和工作的覺察，待人接物的善巧，更在生命的意義和歸宿上，找到光明正向之路。

從《華嚴經・入法界品》中，我們可以看出：佛陀帶領著十方菩薩及弟子們，作了宇宙事理的「智慧之旅」後，開始讓大家談到等覺與妙覺，並從中參契到如來法界，找到無量壽的存在，以及自己的菩提自性。所謂等覺，就是透過行佛的歷程，得到圓滿的覺悟。所謂妙覺，就是以醒覺的菩提自性，回到人間，依自己的根性因緣，去行「覺有情」的菩薩道。過著正向的人生，領受到生命的喜樂，又能與如來法界融合為一體，那種大自在的人生，絕非僅僅為「五蘊色身」而活的快樂所能及於萬一。

所以在〈入法界品〉裡，所謂的法界就是在「行佛的人生」實現，在正向正道中作人生之旅。無論你的職業、工作、生活、遭遇如何，都能以清醒的智慧，活出光明和美好。就像一位大智慧的藝術家，總能以手上的素材，做出美好的作品。於是，〈入法界品〉中，最精采的就是：當佛陀說完了這個生命的真理，則由文殊菩薩對眾弟子加以闡釋，繼而指導善財童子，往南參訪正向人生的菩薩，向他們學習生命的智慧。文殊菩薩說：

善男子！
若欲成就一切智智，
應決定求真善知識，
求善知識勿生疲懈，
勿生厭足，
所有教誨皆應隨順。

這是說當你去參見更多正向人生的菩薩，就能成就一切智智。去參訪、學習和觀摹他們，要精進不懈，無有厭足，而且要以同理心去了解和學習。

這樣的教導善財，在人間參訪五十三位菩薩，能產生體驗性學習，又能帶來豐富的知識，得到正向的見解，系統的思考，和有效的執行能力，使一個人的自我功能充分發揮，在生活和工作上，更有創意和執行力。另一方面，一個人能多看多學菩薩的生命智慧，也就能引發菩提自性的共鳴，產生生命究竟義的覺悟。

歸納善財童子所參訪的菩薩，幾乎包含各種職業、社經地位和種族的人，包括大菩薩、比丘、比丘尼、長者、資產家、士男、士女、童男、童女、奴隸、漁夫、工人等等。他懷著歡喜踴躍的心，謙卑渴仰地去學習正向人生的智慧，得到圓滿的實踐，並在彌勒菩薩那兒，契會如來法界，見不可思議自在境界，「於一切處見一切處」；我們生活的當下，也沒有離開如來法界。只因為被煩惱塵勞所障，契會不到如來法界。我們若能在人間行佛，便能契會莊嚴的如來法界。如來法界可摘要略釋為：

廣博無量同於虛空，
此不思議自在境界，
於一切處見一切處，
離一切想除一切障，
普運一切並見一切，
皆是如來法界所現。

善財童子參訪契悟，歡喜踴躍無量。一時「離一切想，除一切障」，入於無礙解脫之門。能有這樣的契悟，是真入於世出世間不二。

我們若能行佛於人間，依自己的根性因緣去行持慈悲喜捨，在自己的工作崗位上踏實做好，不起邪迷惡行，在生活上以清醒自在的法眼，看出生命周遭的莊嚴，那就能開展正向的人生，有著行佛樂活的心，從而契會如來法界。這個生命的皈依處，便是《大般涅槃經》所謂的如來秘密之藏。

現在，我們回到「正向的人生」這個課題。因為有了正向的思考就能實現幸福美好的人生，又能找到有限生命的皈依處，對於這個命題，佛陀在《雜阿含經》中，很清楚的指出八正道的法門。它的要義是：

1 正見：從四聖諦和教法中，確立正確的知見。

2 正思：以智慧思維，除去煩惱和障礙，孕育覺醒的心思。

3 正語：語出於理，面對真實，產生良好的溝通和覺悟。

4 正業：善良的行為和正確的行持，而生種種善法。

5 正命：正當的職業，服務社會，行為公益，不貪世慾。

6正精進：在生活、工作和悲智修行上努力不懈。
7正念：正確的觀念和善良的動機心念，以行佛道。
8正定：保持安定的心，在定慧等持中生活和悟道。

以上八正道是從四聖諦（苦集滅道）中演繹出來的。它的旨義是說：人生要面對許多艱難和痛苦，這些苦是由於無明和煩惱所帶來的。若想離苦得樂，撲滅這些困擾艱難，活得喜樂自在，並悟入如來法界，就要依八正道來行持。佛說：

我生已盡，
梵行已立，
所作已作，
自知不受後有。

修持如是菩薩行的行者，必能契入如來法界，得大自在。然而佛陀卻告訴我們，這樣的妙法，不是知解就能辦得到的，而是要身體力行。而且還要有幾項準備工作。《

雜阿含經》中所說要點可以歸納如下：

- 要有慚愧反省之心，才能生正見。
- 斷貪、瞋、癡、慢、疑等習氣。
- 不起情染執著，超越得失、貴賤、好壞、成敗等分別心的牽絆。
- 修禪定數息以安定身心，從而生慧。
- 常觀想：觀身不淨、觀受是苦、觀心無常、觀法無我。
- 皈依佛、法、僧三寶，行持戒、定、慧三學。

能如是修持八正道，人生就能過得有創意，有智慧；實現福德莊嚴和智慧莊嚴，開展出正向的人生。

就現代人而言，想要透過八正道來實現正向的人生，我認為有必要透過心理學的觀點，加以歸納闡釋，較能心領神會和活用，裨益創造美好正向的人生。八正道的源頭是身、口、意，在佛法上稱做「三密」，它是如來秘密之藏展現出來的大用。當然，我們也就能從三密中，上契如來法界，下通八正道，從而構成正向的人生。

依現代心理學的觀點，正向的人生所依持的八正道，幾乎與正向心理學（positive psychology）相吻合，特別是賓州大學教授馬汀・塞利格曼（Martin Seligman）的豐富研究，可以歸納出三個範疇，與八正道的正向人生相互呼應，那就是樂觀、長處和美德。我們可以把這三項特質，視為正向人生的根本。

樂觀的思考

誠如心理學研究所說，樂觀者總是表現出正向的期待，所以體驗到正向的情緒；悲觀者則習慣於負向的期待，從而帶來悲觀的情緒。他們最大的不同是：

一、樂觀者的思考模式

- 對未來抱著希望，往正向的方向想。
- 面對現實，接受事情的原貌，並凸顯其光明面。
- 感受到自我效能，對自己有信心。
- 在碰到挫折或失敗時，認為那只是一時的挫折，不會解釋成永久的傷痛、屈辱或自己無能。不會陷入悲觀沮喪。

- 遇到成功的時候，會把它延伸，相信自己可以在其他方面也能做得好，相信自己有能力，從而更加精進努力。
- 因精進而發揮更多長處和能力。
- 在生活和工作中發展出美德，包括智慧與知識，勇氣，人道與愛，正義，修養和心靈的超越。

二、悲觀者的思考模式

- 對未來抱持著悲觀，並以負向思考去看未來，從而變得失落沮喪。
- 心思集中在事情的消極面，無法精進堅持，不肯投入精力解決問題，只是一味哀嘆；找藉口逃避現實。
- 由於缺乏成功的經驗，失去自己的信心，繼而削弱自我功能，而變得怯弱迴避。
- 碰到挫折和失敗，總解釋為自己無能，永無成功之日，從而帶來羞怯和無能之感。
- 遇到成功的事例，會認為那只是一時走運，不相信自己能繼續獲得成功。

心理學的諸多研究指出：樂觀正向的人免疫力較好，悲觀的人較易罹患疾病。樂觀正向的人長壽，悲觀的人較早死亡。樂觀的人容易建立社會支持，所以健康，做事容易得到幫助，人緣較好；悲觀的人，社會支持不足，不但較少得到助緣，也容易絕望放棄。

正向的思考模式，即是佛陀所說的正見、正思、正語、正業、正精進，方能解脫眾苦，「如日出之光明相」。以正向思考生活，則能轉苦為樂，有如寒山子所說：

歲去換愁年，
春來物色鮮。

生命的春天，就很自然地展現在跟前。

發展長處

每一個人的根性因緣都不一樣，所以要依自己的潛能和環境，精進地發展自己的長處。長處和能力，來自成功的經驗，當在某方面有了成就感，就能產生精進，累積更多的成功經驗，發展出長才，就會帶來信心、精進和快樂。所以，正向的人生，必須從發展長處開始。

特別是兒童的心智發展，如果父母老師能安排一些新的嘗試和學習，欣賞孩子做得好的表現，同理他成功的喜悅，兒童會正向地學習下去，開展更多嘗試和學習，累積更多的長處和能力。這種正向的心力，能讓一個人有全新的視野和信心，並孕育出新的創意，而持續努力下去。其實，一個成人想要踏上成功之路，也是從累積成功經驗和發展更多長處，整合出來的智慧。它使一個人從中生正定，更開展了智慧，這時加上創意情境的改變，人事時地的不同，會有更多靈感和創新，正如古德所說：

山河及大地，
全露法王身。

這是說整個人生，踏上正向光明的境界，有了智慧去開展豐富多采的美好。這不是只限於事業或才能，而是對於生活的林林總總，都能蹦出美好。所以寒山的詩「歲去換愁年，春來物色鮮」接下去的詩句是：

山花笑淥水，
巖岫舞青煙；
蜂蝶自云樂，
禽魚更可憐。

當一個人開展了他的潛能，經營出他的長處和長才，從中悟出生命的價值、意義和究竟義，而感到圓滿時，寒山的詩裡，最後兩句是：

朋遊情未已，
徹曉不能眠。

能與天地萬物比朋而遊，過著有意義有喜樂的生活，那真的開心得要像古人一樣，興趣盎然，捨不得睡覺，而秉燭夜遊了。

發展自己的長處，拿出來跟別人分享，這是慈悲和福德。自己也不會陷入自大和我執，就能開展出喜捨。《大般涅槃經》中，特別重視慈悲喜捨的究竟義，正是如此。

在心理學的研究上，哈佛大學的豪爾・迦納（Howard Gardner）提出了多元智慧的理論。每個人所長不同，有語文智慧、數理邏輯智慧、音樂智慧、肢體動覺智慧、空間智慧、人際智慧、內省智慧、觀察大自然智慧等等，每個人依自己根性因緣，開展自己的長處，在事業中行菩薩道，行佛布施。每個人都在其中，展現正向的人生，同時也體驗到生命的樂趣和圓通。

不同的生命和人生，發展出不同的長處，作出不同的奉獻，那就叫分別功德。由於每個人正向人生的奉獻，都是法界的一部分，所以是平等功德。

發展長處，踏向正向人生，也同時契會如來法界，啟開如來正等正覺的圓滿人生。

涵養美德

正向的人生，需要美德的指引和滋潤。具備美德，人生才得到光明的指引，有了道德勇氣，衍生成生活的紀律和規範。透過這些正確的紀律，才發展出有意義的人生，經營出成功的事業，成就有品味有價值的人生。佛陀把三十七道品視為美德，把慈悲喜捨看作古佛的心。我們需要般若智慧，但一觸及生活與工作，就需要美德。故云「雖行於空而植眾德本」。美德是行佛的根本，也是幸福樂活的妙方。

心理學在美德的研究上，發現美德與個人的才能不能分離。有才無德，會是大患；有才有德就能仁智雙修，帶來心靈的提升，創造豐富和幸福。此外，正向心理學更指出，美德能增進人生的意義，找到人生的正道；美德同樣能帶來身心的健康，激勵振奮的人生。美德並不是僵化的道德規範，而是能發展出長處和心力。歸納塞利格曼的研究發現：

1智慧與知識的美德：對世界、人生保持好奇心，喜好學習，追求真相；提升判斷力和創意，孕育生活智慧，提升對人事物的觀點見解。

2勇氣：能勇敢地面對現實的挑戰；堅毅負責，正直誠實，真誠待人。

3人道與愛：願意慈悲慷慨助人；能彼此互愛，相互支持，建立親切的人際關係。

4正義：力行公民精神、團隊合作和忠誠；公平公正地待人處世，並具備領導能力。

5修養：具有自我控制的心力，能謹慎謙虛，凡事多謀而成。

6心靈的超越：超越種種執著、偏狹和自我中心，產生宇宙心，從而能欣賞種種美好，活出感恩、幽默和熱情，抱持著愛、寬恕與希望，建立生命的意義和信仰。

我很欣賞塞利格曼的研究分析，由於他的卓見和研究，我們才從被動遵守道德律，轉向發展美好和正向的人生。（請參閱《真實的快樂》，遠流出版）

透過以上心理學的分析，美德不再是教條，不再是集權良心的繩索，而是我們實現正向人生的智慧和養料。現在回過頭來，看看佛陀提出來的八正道（正見、正思、正語、正業、正命、正精進、正念、正定），正是要我們在日常生活中去實現，從而離苦得樂，成就菩薩的人生。

因此，在八正道的行持上，若能運用心理學給我們的方法，透過樂觀的思考、發展長處、培養美德三個要領去實踐，我們一定會在世間法中，展現正向的人生，並從中看出菩提自性，契入如來法界。我深信這就是星雲大師提倡人間佛教的旨意。

誠如前述所說，文殊菩薩指導善財童子，從北印南行，去參訪的人，每一位長處不同，美德表現各具特色，都抱持著正向樂觀的態度，並以八正道實踐正向的人生。然而，是不是就此功德圓滿了呢？還沒有！正當善財歡喜覺悟，領受到每個人根性因緣不同，都能各自成就菩薩慈悲喜捨的覺性時，他想起了文殊菩薩，感恩他的指導。

文殊就在這時，出現在善財眼前，一方面稱讚安慰善財的努力，開展了正向人生的智慧，又能契會如來法界；另一方面告訴他，還要再去參訪普賢菩薩，才能真正入於圓通，得大自在。

於是善財以大精進心，一心求見普賢菩薩。仰慕普賢能於一切處，行一切妙法，實踐無量功德，且有大神通力，隨所化眾生根性，引導走向菩薩道，隨時展現十種般若波羅蜜，契會大智慧到彼岸的如來法界。

當善財童子領會至此時，普賢菩薩坐寶蓮華師子之座出現在他的眼前，告訴善財，如來功德無量無邊，若欲成就此功德，應修廣大行願。善財受教，得無量智慧法喜，在人間行普賢行願，真是行佛樂活的見證。

結語

日日是好日

我們想要活得歡喜，活得有意義，在生活和工作上順利成功，同時實踐菩薩道，就得懂得行佛。從行佛中樂活，從樂活中開悟，入於如來法界。所謂妙喜世界，極樂佛國，都在行佛樂活中應現。

在《華嚴經・入法界品》中，最後由普賢菩薩說出行佛的十種廣大行願。除了三十七道品的實踐外，還要依此十大願王，才能參證既在人間生活，又契合不可思議的如來法界。人間佛教的玄旨也在這裡。此普賢行願包括：

1 禮敬諸佛。
2 稱讚如來。
3 廣修供養。
4 懺悔業障。

5 隨喜功德。
6 請轉法輪。
7 請佛住世。
8 常隨佛學。
9 恆順眾生。
10 普皆迴向。

行持三十七道品，並以十大行願為導引，是真正行佛的法門。能如此，任何時地，各種正當職業，乃至道場、家庭、社會、族群等等，都具修持行佛的妙機，都能行佛樂活，實現人間佛教的妙慧。

為了能維持恆久的行佛樂活，我建議每個人天天都要做定課。一般在家居士，若能有個簡單的定課，就能維持恆心，與佛如來應感，得清淨無量智慧，實現美好樂活的人生。我每日做定課，領受行佛樂活妙趣殊多。同時也契會世出世間法不二的真諦，同理如來妙心，佛光普照。心靈生活過得自在，工作也不離妙趣喜樂。